新思維・新體驗・新視野

PUBLICATION

新喜悅・新智慧・新生活

發現金星男孩 V.S. 金星女孩的愛情

金星星座的第一本書

發現金星男孩v.s.金星女孩的愛情 金星星座的第一本書

作　　　者：黃家騁
出　版　者：生智文化事業有限公司
發　行　人：宋宏智
企　　　劃：陳裕升．汪君瑜
責任編輯：林淑雯
文字編輯：龐涵怡
美術編輯：陳巧玲
封面設計：陳巧玲
印　　　務：黃志賢
登　記　證：局版北市業字第677號
地　　　址：台北市新生南路三段88號5樓之6
電　　　話：(02)23660309　　傳　真：(02)23660310
服務信箱：service@ycrc.com.tw
網　　　址：http://www.ycrc.com.tw
郵撥帳號：19735365　　戶　名：葉忠賢
印　　　刷：鼎易印刷事業股份有限公司
法律顧問：北辰著作權事務所　蕭雄淋律師
初版一刷：2004年3月　　定　價：新台幣280元
I S B N：957-818-594-4

總　經　銷：揚智文化事業股份有限公司
地　　　址：台北市新生南路三段88號5樓之6
電　　　話：(02)23660309
傳　　　真：(02)23660310

發現金星男孩v.s.金星女孩的愛情：金星星座的第一本書／黃家騁著.
初版.--台北市：生智, 2004〔民93〕
面：　公分.--（LOT系列;D6108）
ISBN 957-818-594-4（平裝）
1. 占星術
292.22　　　　92022743

科學星象DNA

黃家騁 總序

筆者自幼接觸天文學，至今幾達半個世紀，而且典藏國內外天文書籍和各種資料超過十國以上，在涉獵的過程中，同時也對《易經》及星象學產生興趣，並潛心研究達三十餘年，樂在其中，因爲除了能從其中獲得許多知識和智慧，使個人的目光擴展到宇宙的邊緣之外，更能由此探觸天命。

承生智出版社孟樊兄囑筆者「有系統」的撰寫星象學方面的書，名稱爲「第一本書系列」，希望能爲星象學研究跨出新的一頁，最先出版——《上昇星座的第一本書》，接著是《太陽星座（個性）的第一本書》、《月亮星座（情緒）的第一本書》、《金星（愛情）星座的第一本書》、《水星（創意）星座的第一本書》、《火星（性愛）星座的第一本書》，以及《生日祕密的第一本書》等系列。

要瞭解和研究現代「科學星象學」，僅憑單向度的「太陽占星術」是不夠的，應該要用更遠大的眼光和態度去面對。西方對星象學的探究，已有上萬年的歷史，而且研究益趨細密和精準，並且已成爲世界預言學和星命學的主流了。

只要是存活在宇宙間的任何一個生命，都是獨一無二、與眾不同的，也因此形成天地間形形色色、多采多姿的生命現象，好比指紋和生化學中的DNA一般，這種多變和複雜的生命特質，「科學星象學」才能做出正確的判讀，而本書就是研究「上昇星座」和「金星星座」最重要的「第一本書」，更是有志於星象學的入門書。可以讓我們瞭解每個不同人格的生命型態，更是未來廿一世紀的人際關係學、親子關係學和知人善用的用人守則，有志於星命學者，盍興乎來！

星座成爲流行的話題，已有數年的光景，起先，當你問別人是什麼星座的，對方往往會簡單回答「××座」，但是現在卻不相同了，對方可能告訴你，他（她）的太陽在哪個星座？月亮在哪個星座？金星在哪個星座？上昇星座又在哪裡等等。這種改變，正是筆者二十多年來努力推展和教授「科學星象學」和「上昇星座（命宮）」的理想和目標，它能幫助我們研究「上昇星座」，也就是「命宮星象學」。

瞭解自己的性格、個人性向發展，有助於未來的成長與學習，不致錯走冤枉路，更能指引未來的工作、財運、事業、感情、婚姻、子女等方向，爲社會造福，而這些都不是僅靠「太陽星座」所能指引的。

一般孰知的「太陽星座」，只能探測父親，丈夫和兒子的狀況，「月亮星座」只能知道母親、妻子和家族間的關係，卻都無法眞正瞭解自己，而「眞正的自我」是由和父母較無關係的「上昇星座」所掌管；也就是說，由「上昇星座」（命宮）才能眞實瞭解自我的一切，並能進一步瞭解自己的財帛、兄弟、田宅、子女、奴僕、夫妻、疾厄、遷移、官祿、福德、相貌等其他十一個後天宮位的感應，這也是「太陽星座」所無法盡知的事。

我曾研發提供讀者練習用「Windows版中文星象光碟」，可以根據出生年月日時分和出生地點，即能迅速而正確的顯示個人星盤，其中白羊座等爲「先天宮位」，命宮等爲「後天宮位」，加上太陽等星象，以及諸星相位關係等，組成一幅完整精密的個人星盤。

運用那片光碟可以擺脫「太陽星座」的侷限，進入「科學星象學」的堂奧，並可省去數萬元購買國外星象軟體、厚重的星象曆、各式分宮度表、繁雜的各國城市經緯度表，以及其他參考書籍等，更可省去數十萬元的拜師學習費用，並縮短鑽研的時間，節省精力，可以很快的洞徹天命，瞭解自我，以及認識周遭的人。

由於盜版猖獗，此「學習及試用光碟」每半年或一年會有新的改進和增訂版本，舊版將會自動或逐步失效。學者和讀者如有需求，可將正確的通訊地址寄回「皇極星象學研究中心」可獲得試用；如需完整版本，請向本中心註冊登記，可以獲得最佳的優惠和服務。

本書的完成，感謝孟樊兄的敦促、Ruby（雁隨雲）小姐的鼓勵，以及皇極星象學研究中心學生的協助和支持，在此一併致謝。

西元二〇〇四年，謹識於台北皇極星象學研究中心

預知死亡有跡可尋

董小狐　代序（一）

陳靖怡之逝

一九九七年十二月十四日在中時報系舉辦的一場「前世今生命理嘉年華」會場，眾多來賓帶著許多小朋友到場等著陳靖怡主持一場「星座親子會」，就在此時，傳來噩耗，「陳靖怡死了」！當時筆者亦在會場。不久，大批媒體記者飛奔到場做現場採訪，因爲星象家黃家騁正在會場做「星象諮詢服務」，九天來共有三台及十餘家第四台，以及多家平面媒體記者紛紛做過三十多次專訪，使得會場氣氛顯得格外不尋常。

陳靖怡殞於情孽一事，引起「命理師能不能預測自己的命運」之議，有人認爲陳氏算命很準，也有人認爲不準，更有人認爲，就陳氏在媒體及著作上的表現，比較像「具有休閒娛樂功能」的「演藝人員」，而非專業的命理師。此外，有人爲陳氏抱不平，認爲她生前費盡心思維護自己的隱私，死後其命運及生活卻被公開討論，實在情何以堪；也有人認爲，陳氏因爲在媒體上公開批論名人的命運，才被捧爲以「明星」定位的星座專家，如今陳氏之被談論，其實正如同她過去談論別人一樣，這就是公眾人物逃脫不開的宿命云云。

科學與哲學

命理基本上屬於哲學的範疇，命理哲學和科學是兩條時常交集的曲線，並非兩條重合的直線，拿科學的標準來要求命理哲學是不合理的。事實上，任何命學家或星象家，都不可能是神仙，雖然能預知一些別人所無法預知的事，但畢竟還是凡胎肉身。雖然「知命」，但未必能「改命」，正如能呼風喚雨、預知天命的諸葛亮，想以「禳星」延壽，但仍逃不出死亡大限。

命理是一套人類「以凡人的智慧來思考生命問題的哲學系統」，自然有其思考上的侷限；就如科學也是一套人類「以凡人的智慧來探索自然奧祕的科學體系」，其侷限也是不可避免的。

哲學是萬年不變的天地法則，顛仆不破的眞理；而科學的最高原則就是「測不準原理」，今天的眞理，明天就會被推翻，所以每年都有諾貝爾物理學獎的頒發，例如宇宙最小物質，由原子、J粒子、夸克、頂夸克等，年年有所突破，沒有確定答案，更無所謂「眞理」，科學的最高「眞理」，就是「變」，這和哲學上的基本原理完全吻合；《易經》這部變經，談的就是生命之道，所謂「生生不息之謂道」。《老子》也曾說：「一切在變，惟變不變」。

科學家是絕頂聰明的天才，頂尖的科學家多是物理學家，頂尖的物理學家多是天文學家，而頂尖的天文學家，最後總會踏入預測的境界，開始研究初步的「占星術」，牛頓和愛因斯坦如此；研究人文科學和心理學的佛洛依德和榮格，更將「星象學」融入科學心理學，成爲「深層心理學」。事實上，「哲學是科學之母」，不應相互排斥，人類想上天空，這屬哲學層面，再運用科學技術與手段，發明了紙鳶、飛機，甚至太空載具，終於登上月球。

漢代大儒賈誼曾說：「古之聖人，不居朝廷，必在醫卜之中。」原因是：「卜可決疑，醫可治病，同爲人生日常所需。」

宇者「古往今來」，宙者「上下四方」，各個已知或未知的現象界，都是命理哲學思考的範疇。人類透過命理哲學的系統苦苦追索，無非是要求得生命的發揚，以及心靈的安定澄止。命理哲學是人類「成熟成年人的智慧」，是人類自洪荒以來歷經數不盡的劫難與光輝，所學得的教訓及智慧，以及看待生命的態度、超越生命的企圖，如果只是拿來給青少年作爲嬉笑歡樂的消遺，就太糟蹋人類萬千年來以生死歷練換得心血結晶—星象學。

命理哲學系統龐雜，品類繁多，光是中國傳統一脈，就有三十餘大類，這還不包括降乩扶鸞、關亡召魂等巫術。每一套系統各有特色，也各代表一套人類試圖破解宇宙生命奧秘的密碼、路徑。

歷史學者張永堂博士說：「雖然古今中外哲人不斷對吉凶禍福、死生貴賤等具普通性的問題提供解決之道，但命理術數也提供了一套神秘、甚至在某些程度上是有效的理論與方法，故只要人生仍有無從選擇或預測的困境，術數便有盛行的溫床。」

足證命理哲學在平面及電子傳媒上佔有篇幅，確有其需要性，並非全然如踢館專家所謂的「倡導迷信、愚民」；但是命理哲學資訊陷阱處處，傳媒若不具文化程度及命哲知識，就很容易流於媚俗與愚昧，甚至淪爲如李敖所謂的「爲妖僧張目」。

單依太陽星座無法精準預測命運

命運究竟可不可以預測?黃家騁先生經長期的研究及印證認爲:命運七成可論,這是屬於「先天」不變的部份;至於「後天」三成,則是可因環境、遺傳,以及個人意志力、執行力而改變的部份,我們能否戰勝命運、扭轉人生,就靠這三成可變的後天因素,而這三成也正是超越命理師所能掌握的部份。

黃氏教授命理哲學達三十年之久,在教學中,時時強調:專業命理師雖然以究天人之際爲志業,但是,命理卻是一套人類以凡人的智慧來思考生命問題的哲學系統,自然有其思考上的侷限,就如科學是以凡人的智慧來探索自然界的奧秘,當然也有其侷限性;所以,有志成爲專業命理師者,論斷命例，實在只可嚮往，而不必強求百分之百準驗，能夠有七成的準驗度，已經是命理論斷的最高境界了。

兩種單一物質化合爲新的化合物，如氫與氧化合爲水、氯與鈉化合爲鹽。而父精、母血化育爲人，也是一種化合作用；在遺傳上是「至親骨肉」毫無疑問，但這個「新生命」是與父母完全不同的「獨立個體」。

在個人星盤上也是如此，由陽曆月日推算出來的太陽，主父系遺傳、男性自己、夫君等，它僅顯示父親和丈夫的概況，以及個人外在的形象感應；由農曆月日推算出來的月亮，主母系的遺傳、女性自己、妻子等，它僅顯示母親和妻子的概況，以及個人內在的情緒感應；都不是眞正的自己，而由完整的出生年月日時，加上地點經緯度等感應，才能推算出個人的「命宮」，它主宰著「眞正與完整的自我」。

事實上，個人生命是七成「先天」與三成「後天」的結合。由出生月份日期決定的「太陽星座」，只是天命中三成「後天」的感應部份；而加上出生時間來決定的「命宮」，才是七成不變的「先天」感應。「命宮」主宰著個人生命的開端，以及人生未來的方向與發展。它影響人格型態、外貌氣質、自我認同、外在形象、表現個人的獨特性。

黃氏三十餘年來一直大力推展「科學星象學」的研究，並撰寫兩千篇星象專文，著作五十餘本星象學專著，至今正式推出一套精密的「Wundow版全中文化星象光碟」，爲「精密星象學」做出重大貢獻。

西元二〇〇四年

當自己的占星師

雁隨雲 代序（二）

某命理師爲人考試「開運」，以「涉嫌歛財」被移送法辦，這事件在向有考試傳統的中國社會，並不足爲怪，唯一顯示的是，即使在科學文明如此昌盛的現代，這種源自文化上的「臍帶需要」，在現實生活裡，仍有其實質存在的空間。

從商周卜筮文化以來，出於對上天的敬畏，卜卦、論命等五術道統，原就與中國歷來順應的文化根柢相與無間。讀書人兼通天文、地理、子平之術，不足爲奇；而帝王將之祕而不傳，卻是使這套「生活哲學」、「生存之道」，蒙上神祕色彩的主因。

五術做爲一門「學問」，果眞學海無涯，完全沒有軌跡可循，不知到何處學習，不知明師在哪裡，不知哪一套理論是沒有「摻水」的……，諸如種種，使得「五術江湖」更形奇詭，龍蛇雜處，亂象叢生。

而現今命理節目如此氾濫，亦是亂源之一。更致命的是，主事者本身泰半缺乏命理學術的背景，未能篩濾人選，幾經曝光，就能塑造一堆空包彈型的命理大師；甚至只要做好媒體公關或者是勤打廣告，也能自行「塑像」，顛倒眾生。

這些命理界的「莠草」擅於抓住人性弱點，完全按照台灣泡沫型市場特質操作，猛抄書、出書、猛曝光（上媒體、演講、座談……），只要出名就好。究竟他們有多少實力，下了多少功夫，又有誰能認定呢？

但是，在文化背景的烘托下，命理之學卻又有十足存在的必要性，那我們該如何看待「這些人、這些事」呢？依本人「泅泳」命理之海多年的經驗，僅建議如下：

1平實看待老祖宗傳下來的經驗之學。「天機」只宜作為趨吉避凶之參考，絕不能以此做為論斷的最後依據。焉有考試不問實力，一味求神掛符，倒果為因之理？

2命理師論命，永遠難出其「管見」。他的識見與視野，決定他論命的基本架構；而一個人的存心也決定他論命的態度。理想的命理師，除了人格與學養的基本要求外，最重要的是要有靈敏、柔軟的「同情心」，才能比較容易站在客觀的立場，甚而進入同一生命脈絡裡，提出中肯、客觀的分析與建議。

3永遠要相信自己，沒有比自己更了解自己，最好的方法是當自己的命理師，別把自己的前途、命運交給沒有實力的江湖術士。

八字、占卜、占星……，林林總總，不一而足，且不妨還其素樸原貌，將之放在常民生活脈絡裡來貼近感受，心領神會處，豈是「非術」者所能言說？

我與黃家騁老師相交十餘，深知由於雙生摩羯（太陽與命宮均落於此）特質的影響，多年來，黃老師始終堅定、穩健、踏實的走在天命之道的探索路上，從事研究、寫作與教學工作。

不擅花腔的黃老師，偶而還要應付後生小輩的抄襲，甚至無的放矢的詆譭等諸多挑釁，但他始終以「天命之道」自期，對於彼等自我膨脹，互相拉抬的作風，始終無暇回應；還有許多紮根的活兒要做，他的時間是要花在更有意義、更有價值的工作上呢？

這一系列的「第一本書」，是黃老師多年沉潛結晶的力作，讓有心想「當自己的占星師」的朋友有個依據，可供遵循。

西元二〇〇四年

金星星座的第一本書

黃家騁 導讀

本書是爲不瞭解星象學奧祕的新手所寫的，旨在幫助他或她選擇終身的伴侶。愛情與婚姻的原動力主要是源於「性的吸引」，它不但拉近兩個陌生人的距離，如果維持得當，還能締結美滿的婚姻。傾慕、求愛、結婚三部曲，皆源於原始的肉體吸引。只要研究十二宮就能找到最合適的伴侶。

一般人選擇伴侶常根據自己的感覺，可是感覺常愚弄我們。當我們決定走向地毯的那一端，除了眞愛，應該還有其它因素，例如愛與性，常混爲一談；而名與利，在婚姻中也扮演著重要的角色。更重要的是無可改變的「天命」星象感應，也就是「緣份」。

婚姻的基礎是眞愛，眞愛是彼此相屬的感覺。但是怎樣的配合才能使彼此的關係和諧幸福？類同或互補？出身、背景累同的婚姻，美滿的機率較大，不過差異很大的結合，也有成功的例子。另外，共同的理想，也是幸福的條件。

互補是指本性與氣質靜動各異，一個活躍、一個含蓄，一個主動、一個被動，一個急躁、一個穩重。心理星象學家克斯莫研究發現，大部分婚姻的男女主角都是互補的。人似乎有一種本能，就是尋找擁有自己所沒有的特質之伴侶，以彌補自己的不足。

一個人只有認清自我，才能正確的評估另一半，不過很少人能夠認清眞正的自我，「認清自我」有個方法，就是研究星盤。例如情侶交往，可以由星盤觀察二者的氣質特性，以及他們的關係是否和諧。

星象盤中的黃道十二宮皆是兩兩相對相應，也就是對立與衝突，平衡與和諧，例如白羊座主自我，也就是命宮；而對宮則爲天秤座，也就是夫妻宮。

研究星象學極有成就的心理學家楊格說：外向型的人開朗、主動、積極，與外向型互補的是內向型，這種人保守、被動、含蓄。

居禮夫人根據生物氣候學特性，將人區分爲K、W兩種基本型。精力旺盛、雄心勃勃的K型，對冷特別敏感，適合溫暖的氣候；W型感性、友善，對熱很敏感，適合涼爽的氣候。此外，兼具兩種特質的是G型。根據生物氣候學特性所做的實驗，結果顯示：幾乎所有婚姻的男女主角都是相反型，若一方傾向K型，則另一方多半傾向W型，而G型大都與G型在一起。

居禮夫人的研究，印證一項觀念：和諧的婚姻，是建立在雙方性格的互補。而星象學對婚姻的觀點則是以探討個人命宮、太陽與月球在黃道帶上的位置與運道爲主。

一般而言，火象星座暴躁、地象星座憂鬱、風象星座樂觀、水象星座冷靜。在婚姻的組對上，有人主張同象相配，例如火配火、土配土等。這種說法頗有可議之處，例如命宮或太陽在獅子座與在人馬座的人，同屬暴躁型，兩個人在一起很可能爭執不斷，並不見得合適。例如查爾斯王儲的命宮爲獅子座，而戴安娜王妃則是人馬座，兩人水火不容，且雙方緋聞不斷，如今弄到生離死別的地步。至於兩個冷靜型的人碰在一起，大概也會很無聊，如何能天長地久？

因此，選擇婚姻伴侶，不能只憑對方是哪星座或某類型的人而亂配對，必須仔細考慮雙方的個性後，再做決定。如果已婚，也要彼此瞭解雙方性格上的異同，方能融洽相處。

星象學深奧繁複，本書撰寫盡量深入淺出，希望可以讓初學者一日蹴成，無師自通；更希望能成爲眾多星命和擇日師深造及教學、傳承的教材。可謂：「天下第一寶書」，千古奧祕和精訣，盡在本書。

有此一書，勝讀千百本星命書，並可節省數十載研究浪費的時間、精力和無數的金錢，更不致被俗書所誤。

目錄

8 感情開運篇

附錄

星象學新手上路

· 星象學的基本認識

· 黃道十二宮

· 後天十二宮

· 十大行星

1

星象學的基本認識

筆者深研天文學、星象學、曆算學、《易經》等專門學科，因此深信，依恆星與行星的行度而演算的現代「科學星象學」，確係一套完整而精密的「人格分析學」。透過「星象命盤」的運用，人類確實可以一探天命與人的關係，唯前提是：我們必須對組成星象盤的黃道十二宮、後天十二宮，以及銀河系中的日月與八大行星等所代表的意涵，先有基本的認識，然後才能就此星象磁場的感應來談天說命。

目前民間流行的「西洋占星術」，多僅以個人出生當日太陽與月亮的位置（所謂的「日座」、「月座」）來論個人的性格及運程，完全忽略了論命最重要的命宮，以及行星之間的交互感應。

星象命學上，太陽代表父親及丈夫的人格型態，月亮則象徵母親及妻子的人格型態。因此，一般的日月占星術只不過「是替自己的父親（母親）或丈夫（妻子）推算，而不是爲自己論命的命術罷了。」

什麼樣的「命」才是自己的？如果您提出的個人出生時間（年、月、日、時、分、秒），地點（經、緯度）均正確無誤，星象家即可據此繪製精確的星盤。再就星盤所顯示的感應，以「七成」的準驗透析個人的命格與運程，其精確程度較諸其他命學方法，尤不遑多讓。

日月星辰配列於天，生死成毀感應於下，天命的「解釋權」並不僅爲星象家所專擅，只要根據下列星象學基本知識、配合個人星盤，您也可以觀測、掌握自己的命運軌跡。

黃道十二宮

占星學家相信，星辰配列和人的命與運之間，有著奇妙的磁場感應，而黃道十二宮有如這「感應磁場」上的大舞台，太陽、月亮以及八大行星，就在這圓圈狀的舞台上以不同的排列、組合，遙遙與圓圈中心的地球人呼應。

黃道十二宮在占星學上具有十二種「感應」意義，主要特質如下：

1白羊座：主動、進取、誠實、單純、自我肯定。

2金牛座：龐大、堅固、信心、占有、週期性發展。

3雙子座：知識、二元論、聯絡、自我重生的動機、絕對關係。

4巨蟹座：深思反省、保護、專制、記憶、失去自我的可能。

5獅子座：圓滑、權力、光輝、行爲背後的想像。

6室女座：能力、效用、服務、有效的差異、物質工具、貞潔。

7天秤座：法律、和諧、平衡、關係、現實取向、衰敗、憤世嫉俗、靈視。

8天蠍座：經驗、探險、繁衍、規勸、隱密的動機、極樂。

9人馬座：理想主義、同情、清楚、慾望及願望、自我新生。

10摩羯座：順從、規律、優秀、社會地位、自我行動。

11寶瓶座：友誼、相互依賴、理性、人性、人類思想。

12雙魚座：滿足、犧牲、鼓舞、有感情、疏離的自我。

後天十二宮

根據個人的出生時地等條件，再經過精密的計算而求得的數據，將環列的黃道十二宮劃分爲大小寬窄不一定相等的十二部分，這就稱做「後天十二宮」。

後天十二宮象徵個人「命格」的基本架構，各宮所司的意涵如下：

1命宮：人格特質、生命型態、外貌氣質、自我認同。

2財帛宮：個人財產、收入、價值觀、生活需求、基本情感喜好。

3兄弟宮：基礎教育、意識型態、心智、語文、手足、交通。

4田宅宮：家族、家庭生活、不動產、父母、個人隱私、認同他人。

5子女宮：子女、寵物、戀愛、娛樂、休閒、賭博、原創力。

6奴僕宮：職業、工作、服務別人、職場關係、飲食、醫療、保健。

7夫妻宮：合夥關係、親密關係、契約關係、競爭對手、和諧能力。

8疾厄宮：稅務、財務、不義不法之財、遺產、靈慾、生死、鬼神、深層心理。

9遷移宮：哲學、宗教、形上學、高等教育、精緻藝術、道德意識、長途旅行、自由。

10官祿宮：名譽、地位、成就、行政管理機構、個人野心、權威。

11福德宮：社團、組織、群眾活動、解放、天賦、創造能力，以及個人生命目標。

12相貌宮：潛在意識、幻想、夢境，以及個人犧牲奉獻、內心世界、宗教修行祕密。

十大行星

太陽（守護獅子座）

・太陽統籌自我、性格、潛能，以及精神、精力、活力。

・太陽子民秉性豪爽、驕傲，愛出風頭，有野心，眼界甚高，一般而言，他們正直明朗，反對一切卑鄙或不光明的行爲。

・位於有利位置的太陽，會表現較強的尊貴感，以及對於權力的喜好，更能使人判斷成熟、常識豐富，而且擁有踏實穩健的執行力及領導能力。

・位置不佳的太陽，易導致精神失調，並於家庭、健康，以及個人與周遭環境的對應上，引發諸多困擾。

月亮（守護巨蟹座）

．月亮統籌感情、情緒、基本潛意識、習性、自衛能力、安全感、根性、母性及愛心等。

．陰晴圓缺、變幻不定，是月亮最典型的特質。

．它又象徵想像、意圖，以及偏好等非理性層面，影響心靈、夢境與肉體至鉅。

．正面影響是有耐心、勤於思考、寬大、慈愛。

．負面影響則包括自私、懦弱、消沈、乖戾、精神以及兩性肉體關係的紊亂錯雜。

水星（守護雙子座、室女座）

・水星統轄神經系統，舉凡意識、理智、感覺、感受、皆歸其管理。

・這類最靠近太陽的行星，代表著「熱切」之心，以及「年輕」的意象在其中。

・基本特質爲敏捷、興奮、變化多端、神經質、冷淡。

・位置良好時，使人具有創意、機智、充滿活力、學習能力增強。

・負面影響則是，自私、多嘴、焦慮、悲傷、苦惱、不誠實。

金星（守護天秤座、金牛座）

・在人的內在生命中，金星扮演著「積極的行動者」，它擁有賦予富饒的能力，對於感情生活，尤其是有決定性的影響。

・金星是「愛」與「美」的象徵。在心理上，掌管與腺體活動密切相關的感情生活，以及好惡取向。

・另一方面，喜好和諧的金星，則在藝術的美感上，表現其溫暖的正向能量。

・位置不佳的金星，往往熱衷於酒色財氣，而且過度沈溺。

火星（守護白羊座）

・火星統轄積極、主動、自信、果斷、成就動機，以及英雄氣慨等人格特質。

・火星主管肌肉和意志的行動機轉，它以瞬間的爆發力來破壞和平與安定，失控時導致暴力傾向，甚至殘忍的犯罪行爲，社會上或個人生活中情節重大的麻煩與邪惡，都和火星力量的誤用有相當關聯。

・火星力量運用得當，則可發揮積極、進取、純眞等正面影響，使人有自信、有活力、有勇氣。

木星（守護人馬座）

・木星與成長、擴展有關，並代表直覺與掌握智慧的能力，主導記憶、靈魂與生命的精髓，也是歡樂而仁慈的幸運之星。

・位置良好的木星表現自由、高貴、慷慨、正義、有禮，以及殷勤、體貼等優秀特質。

・位置不佳的木星，則易導致工作上的逆境頻仍，心靈因之受挫。

土星（守護摩羯座）

・土星與極限、教育、教訓、試煉，以及生活方式有關。

・典型的土星精神是深思熟慮、勤勉、有毅力，在「完美主義」的自我要求下，它嚴肅、憂鬱、慎重、好沈思、長於接納、負責而有執行力。

・土星自律、冷靜、重視他人的幸福，忠實可靠。

・位置不良時，則易怒、愚鈍、大意、冷漠、工於算計、失敗、挫折等困境，亦隨之而來。

天王星（守護寶瓶座）

・天王星的脈動難以掌握，它代表無法預知的變化，特立獨行、偏執主觀、前衛進取，使天王星子民顯得特別的與眾不同。

・正面的天王星力量，可以使人有獨立的心智與直覺，善長思考、獨創性極佳。

‧負面的天王星力量導致錯誤的觀點與侵略行為，標新立異、喜怒無常、近乎病態的敏感、神經質。

‧「人道精神」是天王星最受肯定的特質，然而追求完全自由的本性，又使它充滿了冷淡的疏離感。

海王星（守護雙魚座）

‧海天星代表同情心、自我犧牲以及自我超越，主要表現於人的心理、情緒與意識。兩種背道而馳的力量使海王星呈現兩種截然不同的面貌。

‧這顆星負面影響下的「混亂之星」，象徵煽動、欺詐、邪惡、不法、不安、懶散、思路不清、意識模糊、精神失衡、濫情、亂愛。

‧正面的海王星力量象徵純淨的靈魂與愛情、慈悲、善良、溫柔、友誼、智慧；直覺力、想像力、藝術與宗教氣息，都是它引人的特質。

冥王星（守護天蠍座）

・冥王星主宰劇變、蛻變、毀滅、重生、權力以及更新，並統御負面與變化中的情境，掌管極端的大好或大壞之運道，象徵潛意識、黑暗、死亡，以及宇宙之奧祕。

・受冥王星正面而且強烈影響的人，將是群眾中的重要人物，他將會態度優雅、合宜而平和。

・負面的冥王星影響所及，使人貪婪、吝嗇、具毀滅性的攻擊力。

天文與星象學上的金星

· 天文學上的金星

· 星象學上的金星

2

天文學上的金星

基本認識

行星繞日軌道按次序排列，金星是第二顆接近太陽的行星，它與水星同是「內行星」；金星也是最靠近地球的一顆行星，距離太陽一億〇八百萬釐，體積和地球相似，可說是地球的「姊妹星」或「雙子星」。

當金星位於太陽西邊，則日出前見於東方地平之上，古時當它是「晨星」，稱爲「啓明」，當金星運行到太陽東邊，日沒後見於西方地平之上，古時候當它是「昏星」，稱爲「長庚」。

金星非常明亮，最亮時可達視星等負四．五等，是全天（太陽、月亮外）

最亮的星體，由望遠鏡觀測金星，其形狀像月亮一樣，有盈虧的變化。

金星直徑一萬二千一百零四公里，比地球略小（地球直徑是一萬二千七百五十六公里）。質量是地球的〇．八二倍。

金星的表面

金星表面溫度卻高達攝氏四百八十度，氣壓大於地球的一百倍，所以，它可說是一個毫無生命的煉獄。

金星的表面既酷熱又乾燥，是由玄武岩的火成岩所覆蓋著，砂礫散在各處，經常有塵暴侵蝕。塵埃和冰晶混合，形成一層略帶黃色的煙霧，當有微弱的陽光照射時，地面岩石便會反射出一片紅暈。

在金星表面上也發現有大規模的褶曲山脈，最高可達一萬一千公尺，至於山脈是如何形成的，至今仍是一個謎。

金星周圍長期有濃雲密佈，阻擋了熾熱的陽光。在天文學家的想像中，濃雲之下，應該有熱帶叢林或潮溼的莽原，也許更有恐龍一類的巨禽猛獸存在著。瑞典的天文學家認爲可能是一片大沙漠，而英國人更是以爲它是「石油之海」。

原來金星周圍的濃雲，是一種含有二氧化碳的大氣層，並有濃硫酸，若用紫外線觀測，則可看見明亮的條紋，雲層以很快的速度運動著，大約四天完成繞金星一周。分布的厚度，離金星表面有四十七．五公里至七十公里。

根據一九七八年先鋒金星一號，在科學家認爲是火山地帶的上空，曾觀測到雷電，證明金星表面可能還有很頻繁的火山活動。

金星上沒有季節，太陽是從西面出來，在東方沉落。它自轉一周，需時二百四十三日；而繞日一周，只要二百廿四點七日。所以金星的一日比一年還要長。

現在，天文學家雖然探知了金星的眞貌，但人們仍對它存著很多的幻想；只要能夠消除雲層，使之降雨，氧氣能夠進入大氣層，也許人類就可以把這個毫無生命的煉獄，變成科學小說家夢想的天堂。

金星的溫室效果

金星的周圍密佈著濃硫酸雲，它能有效地反射太陽光，所以，從地球上看過去的金星顯得特別明亮，素有「明亮的明生」、「夜晚的明」之稱。

金星曾經有過和現在地球差不多的環境，因此，當時的金星應該也有海洋。後來，強烈的陽光使水份蒸發，水中釋放出來的二氧化碳產生了溫室效應，昇高了金星的表面溫度，如此一來，更加快水的蒸發與二氧化碳的釋出，金星的高溫就是這種溫室效應所造成的。

星象學上的金星（Venus）

金星的神話

在古羅馬時代，維納斯（Venus即金星）就是主宰愛情的女神，但當時還有另外一個名稱：Ishtar、Astarte或Aphrodite。在古代各種文明中都被崇拜著。

金牛座守護星的神話

金牛座的守護星「金星」，自古代以來就被稱爲美與愛的女神，同時，金牛具有憎恨不潔的健全智識，和抵抗人們的虛僞或欺詐的信念。

以金牛座具有的特質，也就是美以及和諧的精神，再與金星所影響之純潔的愛合起來，使金牛座的人成爲一個高潔精神的持有者。因此金牛座置身於污濁的世俗，仍經常追求著新鮮的生活與憧憬著純眞的態度。他們具有探求心，及說不多但富於美而高尚的會話能力。至於平素的態度，當然是近於童心而表現得可愛動人。

然而，正如神話上的記載，這位純眞的河神女兒「伊奧」，一旦與「綴士」夫婦的家庭問題有了瓜葛後，就不能不變成金牛的身子而受苦一樣，金牛座子民的缺點，特別會在家中引人注目。

換句話說，在私生活方面任性、恣情而頑固，彷彿對神話時代的不幸所鬱積的氣憤，一口氣就要解除似的非常兇暴，經常對家人忍不住要做出過大的要求。時常追求著安心與安慰而弄得焦急不安。

金牛座的守護星是金星。金星通常出現在東方。黎明時，金星閃閃發亮地高掛在灰暗的天空，猶如一盞希望的明燈，深受人們喜愛，而其守護神則是愛與美之神維納斯。傳說，維納斯是在海上誕生的，由精靈扶養長大。金星的特徵是愛、美、和平、調合。

天秤座守護星的神話

天秤座與金牛座的守護星同為金星，守護神是愛與美之神維納斯。傳說，維納斯原本漂浮在腓尼基海峽的泡沫中，後來被海裡的精靈發現，帶回珊瑚島扶養長大。她是愛與美的象徵，深受人們喜愛。

一個天秤座出生的人，平常不會放大聲音，而是小聲地說話，不會大大地生氣，也不會沉溺於激情，他們能經常保持著品格與這樣的性格，就是由這個星座所賜予的。

由星座給予的「理智的均衡」與金星賜予的「保持品格」的精神，合併起來把這個星座出生的人造成了冷靜而崇尚調和的紳士淑女。

一個天秤座出生的人，對任何事都不會太狂熱的。既不相信惡魔妖怪，也不信仰神。不會偏向極端，而是始終以中庸之道活著。

不管有錢或是沒有錢，並不把它表現在舉止上，一種虛榮心或自尊心等，人們各色各樣的誇耀與慾望都同居在天秤座出生的人當中。於是從這兒，產生了均衡的人生觀或處世態度了。

金星的基本認識

緊繞太陽的金星，在星盤中屬於「個人行星」，軌道和水星一樣，也在地球繞日軌道的內側。從地球上看來，在黃道上運轉較地球快速。

金星從未遠離太陽四十六度以外，金星在星盤中若不是和太陽在同一星座，就是在其前後的星座之中。

金星是女性的、陰性的星，代表愛情的行情價或價值，是愛情和官能而非性愛。本質是陰性的、溫暖的、潮濕的。

金星的圖騰符號象徵是維納斯女神化妝台的鏡子與榮華，和維納斯聯結在一起。

金星的廟旺陷弱

- 守護星座（廟）：金牛座及天秤座。
- 強勢星座（旺）：雙魚座。
- 弱勢星座（陷）：白羊座、天蠍座。
- 下降星座（弱）：室女座。

金星的基本影響

現代舞創始人伊莎朵拉．鄧肯的星盤中，金星在第十二宮白羊座的位置上升，顯示出公私兩方面都具有強烈的官能感應，她依據呼吸的節奏及心臟的跳動，首創了合乎自然的現代舞，並根據這個構想在柏林和莫斯科各創一所學校。

女性的星盤中，金星是自己所期望的女性形象。男性的星盤中，則可知道他對女性的期望是什麼，以及他喜歡那一類型的女性。

金星代表所有事物與行爲中愉快、有趣、美麗、優雅與有吸引力的互動。出生星盤中金星相位強的人，可以成爲藝術家，或是追求歡樂、沈迷享樂的人。

金星在星盤中，表示該人以何種方式來表達得最適宜；代表人類女性化的那一半，在男性、女性中都顯示出女性的特質。影響個人的成功、名聲、健康、金錢、社交生活、外交手腕、裁判意識、情感、所有親蜜的關係：包括婚姻、感官感受、性能力、愛人的能力、女性的影響力、柔軟的、溫柔的、可愛的、羨慕的、藝術性的、創造性的、敏感的、合夥、合夥關係、社交生活的影響及合夥成功與否。

金星也有比較剛直的一面。在政治上，金星代表戰爭的勝利。

金星的關鍵字訣如調和、一致、情愛。和諧的金星，支配著藝術、文化、美學、財產、資產、金錢、夥伴、美麗、魅力、良好品味、糖果、色彩、和諧、詩歌、繪畫、珠寶、歌唱、戲劇、音樂、藝術、裝飾、衣著、時尚等。

不利的金星象徵墮落，代表感傷的、貪慾的、嫉妒的、侵略性的。

金星對身體的影響

金星對身體也有相對感應的部位，如喉嚨、下巴、兩頰、味覺、腎臟、腰部、喉嚨、副甲狀腺、內生殖器、靜脈血液循環、皮膚的感覺。

金星代表的疾病，例如扁桃腺炎，以及所有喉嚨的感染、白喉、甲狀腺腫瘤、淋巴腺疾病、性病、腎臟病、肌肉組織的損壞。

金星的正面特徵

渴望和諧的伴侶關係、態度文雅友善、做事有技巧、對愛情和社交藝術十分老練、適應力強、懂得欣賞美、文靜的、高雅的、威嚴的、民主主義的、多才多藝的、充滿活力的、雄心的、建設性的、愛好教育的。

金星的負面特徵

懶惰、濫情、猶疑不決、過度浪漫、意志薄弱、粗心大意、好高鶩遠、依賴性強、做寄生蟲、招搖的、貪得無厭的、缺乏雄心的、傲慢的、專橫的、訴諸情緒的固執、保守的、唯物論的、武斷的、頑固的、佔有慾強的、色情的、貪婪的。

黃道星座上的愛情

· 太陽在黃道星座的愛情

· 月亮在黃道星座的愛情

3

太陽在黃道星座的愛情

我們知道，比較兩個人的星盤之前，必須先仔細的研究兩人各自的星盤，以了解他們各人的命運走勢。以下我們將仔細探索行星的位置，請讀者千萬不要單獨評估某個星座、某個行星或相位，只有通盤考量整個星盤，才能得到正確的結果。

過去幾年，筆者研究了二千五百個以上的案例，發現太陽的位置的確很重要，但是判定一樁婚姻的前途，除了太陽的位置，還必須考慮星盤上的其它因素。太陽關係著一個人的靈魂。太陽的符號⊙，中間的一點代表靈魂，圓圈代表包圍著靈魂的身體，所以太陽代表靈魂及身體。

因此，太陽的位置常能告訴我們：婚姻中誰佔了上風。

太陽在白羊座的愛情

太陽在白羊座，會強化當事人的陽剛之氣，堅持自己的看法和做法，野心勃勃，在各種場合都特別注意領導地位。有一種「緊張外向型」的人，這種人積極、主動、果斷、熱心、自信、緊張、機靈、大膽、勤勞、獨立、武斷、有創造力，但是也可能暴躁、高傲、草率、喜歡動粗。

太陽在白羊座的男人陽剛氣十足，可以應付生活中任何困難，爭取完全的認同和讚譽，無法容忍反對意見。所以，能和這種男人天長地久的女人，必須是柔順而凡事依賴丈夫的女性，而且能夠忍受丈夫偶爾的惡言相向。

白羊座碰到年長的女人比較不和，一般來說他們會選擇比自己年輕的女人。可是，當年輕的太太隨著年歲的增長而變得獨立自主，不再甘心扮演馴服的妻子時，這樁婚姻便潛伏了危機。當丈夫離開一段長時間後(例如因爲事業、軍務或旅遊而離開家時)，太太因實際需要而變得更獨立，此時，婚姻最容易出問題。

太陽在白羊座的女人，一心追求事業，因而像個女強人，有時不免失去女人味。這些女人不喜歡依賴別人，寧願有份工作，不願只靠丈夫的薪水過日子。在這種情形下，丈心必須能包容一切。這種女人適合「柔順」的丈夫。在我們那個時候，太太出外工作，丈夫主持家務，這是常有的事。

對白羊座型的人而言，事業重於婚姻，當婚姻阻礙了事業，他們可能放棄婚姻。

太陽在金牛座的愛情

金牛座比較重視物質生活，關心的是實際的問題。所以，他們對婚姻的看法是：「你擁有什麼?能給我什麼幫助，我們的經濟狀況穩定嗎？」因爲「只有愛情是活不下去的。」不過，金牛座深情、心地好、有同情心，而且非常樂於助人，只不過自我意識偶爾免不了抬頭。

金牛座是「緊張內向型」，做事謹慎、實際、保守、果斷、守規矩、有毅力，這種人做事希望很快看到成果。他們很少是外向的，不容易信賴別人；他們的個性有點憂鬱，選擇容忍而不是戰鬥。

男人通常是好父親，如果沒有凶相，不失爲負責任的一家之主。女人則是稱職的主婦，盡心把家佈置成和諧而溫馨的地方。

金牛座很會享受，甚至到奢侈的地步，不過不會沈溺。他們努力維繫婚姻。若是離婚或分居，金牛座很少一個人過活，因爲禁慾的生活不是他們能忍受的。

太陽在金牛座，和土星有相位的人，難望婚姻和諧，因爲這些人什麼事都放在心上，無法克服婚姻的衝突。有個男士的命太陽在金牛座，和土星會合，他結婚九年後離婚。後來再婚，但是這次婚姻只維持了六個月。衝突是婚姻的包袱，但也是愛和忠實的試金石，它使得婚姻變得更牢靠。

太陽在雙子座的愛情

這種人是「緊張外向型」的，他們積極、活躍、機靈、口齒伶俐，但也可能膚淺、糊塗、急躁。他們友善、和藹、親切、聰明、精力充沛，但也善變、怪異、不穩定。許多人是「遊蕩型」的，所以需要能掌握他們的伴侶。不管是男人或女人，大都玩世不恭，所以需要行事比較嚴謹的伴侶。

太陽在雙子座的人，最理想的伴侶是「腳踏實地」型的人，而且要有點物質慾望，因爲雙子座的人興趣廣，常常只是過路財神。

雙子座的女人依戀丈夫，喜歡幻想，但是會遵守丈夫的規定。不過，她們不甘只做個「家庭主婦」，他們喜歡多彩多姿、刺激多變的生活，希望家庭和事業兼顧。

太陽在雙子座的人，婚姻失敗的原因常常是因爲閃電結婚，婚後才發覺雙方不是互補型，根本是同類，玩世不恭，沒有給另一半適當的尊重。

太陽在巨蟹座的愛情

這種人的感情生活很豐富，屬於「輕鬆內向型」，開朗、善感、想像力豐富、友善、熱情、幽默、體貼，但是多疑、憂鬱、彆扭，他們善良且婚姻穩定。這些人傾向早婚，因爲他們嚮往愛情，喜歡扮演父母的角色。不過，太過敏感導致雙方不和諧。男人愛家甚於一切，女人則誠懇而有愛心。

雖然這種人很柔順，但是並非意志不堅；無論如何會想辦法完成自己的目標。另外，他們努力保持婚姻和家庭的美滿。如果他們的付出沒有得到相對的回報，他們會覺得很痛苦，但仍然奉獻犧牲自己，不到萬不得已，絕不會輕言分手。

太陽在獅子座的愛情

這種人是「緊張外向型」的，精力過人、主動、熱心、實際、果斷、自信、自重、組織能力強、聰明而不多疑、值得信賴、勤勞、謹慎、慷慨，但是驕傲、自負。這些人常常表現得好像是造物主，喜歡指使別人。獅子座的人只有自己的一切順當時，才會表現出好脾氣，否則就不知足，想辦法要利用別人。不過，獅子座中有些出類拔萃的人物，他們坦然面對各種考驗，是忠實的丈夫或太太。

太陽在室女座的愛情

這種人是「緊張內向型」的，喜歡一切井然有序、洞察力強、思想嚴密、常識豐富、機靈、理性、客觀、保守、有毅力，但是優柔寡斷、矛盾、吹毛求疵。他們還有其它優點，就是友善、可靠、不做假、節儉、勤勞、謹慎、有恆心，只是神經質、膽小、保守、不知足、小氣、暴躁。男人做事盡責，客觀而認眞，但是對太太吹毛求疵。女人則是勤快稱職的家庭主婦，非常善於理財，通常都有積蓄。

這些人忠於自己的目標，而且行事鉅細靡遺，但常常因而忽略了重點。爲了補償這一點，他們需要寬容大度的伴侶。過分的吹毛求疵，有時候會讓另一半受不了。

許多室女座對婚姻猶豫不決，因爲他們只看到別人的缺點而忽略優點。因此，室女座的女人熱衷工作，但是也少不了愛情。有許多人結兩次婚，第一次婚姻是在失望中結束，第二次常常會比較快樂。

太陽在天秤座的愛情

這個星座由愛之星—金星統轄，所以和愛情、婚姻脫離不了關係。這些人似乎天生會付出許多愛和獲得許多愛。不幸的是，剎那的吸引力並不表示永恆，所以免不了感情迷失、拈花惹草。

這些人是「輕鬆外向型」的，熱愛自然，藝術和美，性情開朗、機靈、友善、溫和、自信、溝通能力強，但是無知、虛榮、自負、自滿、輕率。天秤座有時搞不清自己所扮演的角色，需要伴侶的提醒和鼓勵。

家庭主婦努力把家佈置成溫馨的窩，情調迷人，但是卻忽略了角落的灰塵。男性對家庭的忠實很值得鼓勵，當他們因公務而離家在外時，表現出來的忠實尤其值得激賞。

太陽在天蝎座的愛情

這些人是「緊張內向型」的，自信、實際、謹慎、有技巧、精力充沛、見解深刻、勤勞、願意犧牲，但是憤世嫉俗、畏縮、冷淡、憂鬱、神秘、粗俗，而且嫉妒心非常強。男人和女人都要節制激情，不要讓肉慾掩蓋了眞愛。

這些人可靠，追求目標不遺餘力。他們需要全心全意奉獻的伴侶。事情不順他們的心意時，很容易生氣，但是下一刻可能又變得友善而體貼。天蝎時時節制自己的本能和情緒，企圖把本能提昇爲創造力。

這些人很難找到個性互補的伴侶，因爲，一方面伴侶必須臉皮厚，才能忍受蝎子的「叮咬」，另一方面必須給予天蝎強而有力的道德支持。這些人可能不忠，或是在操守上出軌。天蝎的人不妨早婚，以找到一輩子的伴侶。

有時候我們會發現非常特別的天蝎座，一方面非常在乎物質和肉慾，另一方面對哲學和宗教非常有興趣。

太陽在人馬座的愛情

這些人是「積極緊張外向型」的，直覺敏銳、有創造力、勇敢、有遠見、獨立、和藹、熱誠，但是善變、魯莽、膚淺、高傲、惺惺作態、好逸惡勞。男人和女人都很樂觀、外向。人馬座有崇高的理想，但是缺乏耐性使他們常常半途而廢。

這些人頭腦靈光，喜歡與人交換心得意見，他們的身手也不錯。在社交場合中，他們是靈魂人物。但是，他們的坦白常常超過限度，招惹禍端，和伴侶發生摩擦。

傳統的星象學裡，人馬座通常會結婚兩次。因爲他們可能匆忙的結婚，結果自然不甚愉快。這些人需要穩重而志趣相投的伴侶，這樣雙方可以一起消磨時間，否則人馬座會另外找個運動同伴，難保不會感情走私，就像雙子座的人一樣。

人馬座喜歡和諧，一個舒適的家和寫意的生活；喜歡計畫和分享另一半的喜悅。

太陽在摩羯座的愛情

這些人把責任和義務擺在第一位。他們認爲一個人應該克盡職責，用毅力和耐心完成目標。節儉而簡單的生活使他們容易成功，雖然成功不容易。這些人是「消極內向型」的，他們在內心裡消化每個經驗和印象，需要一段時間思索才能下決定，但是，一旦決定了，必然徹底執行。

他們有耐心、原則、毅力、客觀，而且常識豐富、專心、理性、勤勞、可靠、忠實、獨立、正直、含蓄，有時候甚至有點畏縮。他們不會和別人拉關係。不過，摩羯座不見得都是憂鬱而畏縮的，有時候是快樂、機智而充滿幽默感。

不過，他們需要時間適應環境，才能開朗起來。在別人眼裡，摩羯座令人猜不透，喜歡隱藏自己的意見和感情。他們的生活態度嚴肅，喜歡面對挑戰，有時候對未來稍嫌悲觀。他們忠實而盡責，維繫婚姻不遺餘力。

摩羯座很少只爲了愛而結婚，通常還有其它因素；有的人是因爲覺得孤獨；有的人則是爲了避開和父母同住，因爲父母親不了解他們；有的人是尋找人生目標一致的夥伴；有的人爲了名利。摩羯座的人喜歡另一半的年紀比自己大。

太陽在寶瓶座的愛情

這些人是「輕鬆外向型」的，充滿了改革的熱情。他們頭腦靈光、常識豐富、有遠見、主動、積極、觀察力敏銳、口才好、勤勞、自信、謹慎、有幽默感、喜歡改變現狀，但是膚淺、健忘、不可靠。這些人凡事快半拍，所以，他們需要一個能制止他們魯莽行爲的伴侶。

談到愛，他們充滿了理想，甚至不管經濟基礎是否穩固。他們認爲愛是你儂我儂。這些人和別人交往，也是誠心助人，沒有期待回報。有時候寶瓶座熱心過頭，另一半應該稍爲冷卻他的熱心。男人是理想主義者，甚至是革命家，一心想擺脫保守的傳統。女人是不切實際的家庭主婦，喜歡變化，所以常常更換傢俱、住所等。

這些女人有些奢侈，需要能把她們拉回現實的丈夫。低層次的寶瓶喜歡改革、變化、追求時髦；高層次的寶瓶重視精神生活，把問題放在心上，直到時機成熟才行動。由於寶瓶常常能洞燭機先，所以他們努力要幫助別人擺脫過去的影響，因此一般人不大容易了解他們。

眞正的寶瓶不會因別人的勸告而放棄理想，但是會檢討改進。這些人的愛傾向精神層面，不是肉體的，只要其它運道沒有和這種特質背道而馳。

許多寶瓶座談過多次戀愛後，才會找到合適的伴侶。他們認爲結婚典禮只是一種儀式，是爲了另一半而舉行的，因爲他們認爲經得起時間考驗的才是眞愛。寶瓶座的藝術家總認爲自由的結合，比法定的儀式更具道德價値。這些人喜歡探討愛與婚姻的關係，但是，他們的觀點常常不能被別人接受。

太陽在雙魚座的愛情

這些人是「輕鬆內向型」的，想像力豐富、多情易感，熱愛藝術和音樂，人生觀比較被動消極。這些人缺乏自信、敏感、畏縮、自憐、不安、優柔寡斷。但是雙魚座有愛心和犧牲的精神，默默耕耘，不求回報。他們需要能支持他們的伴侶。女人常常不會持家；男人不汲汲追求事業的成功，除非有其它相位介入。不過，對積極而權利慾較重的女性而言，雙魚男子不失爲理想的丈夫人選。

雖然雙魚座比較保守含蓄，但是杯酒下肚後，可能變得開放而愛說話，管不住自己的舌頭。我們很難去判斷這些人眞正的個性，因爲他們常常隱藏眞正的自我而戴上面具。另外，他們喜歡保有秘密。

我們說「冷漠得像條魚」，意謂著雙魚座缺乏熱情。雙魚座的伴侶常常抱怨雙魚座冷感，事實上是沒有點燃他們的熱情。我們研究已婚夫婦的星盤，發現一個有趣的現象：雙魚座的伴侶的太陽通常都在火象星座（白羊、獅子、人馬座），所以，火辣辣似乎是靜悄悄最理想的互補因素。

雙魚座的婚姻常因爲一些因素而動搖，例如雙魚座犧牲小我，完成大我的精神過於強烈；精神層次太過而顯得沒有熱情；無知、沒有責任心，而且有一群神秘兮兮的朋友，這些都會影響婚姻。根據統計，雙魚座常常結兩次婚。離婚的原因是不忠實、怪誕、宗教不同，有的人因爲失望而離群索居。

月亮在黃道星座的愛情

月亮代表消極、柔弱、不圓滿、個人、善變、精神的。在女子星盤上，月亮代表自己；在男子星盤上，月亮代表你的家人。月亮和女人的生理週期有關，關係著男女兩性的感情和精神特質。

月亮在白羊座的愛情

感情和情緒左右行動。月亮在白羊座的人做事衝動、魯莽，只有五分鐘熱度，而且常常高估自己。這種人的愛情熾熱，爲了贏得佳人芳心，隨時準備戰鬥，企圖以滿腔的熱情打動對方。他們的婚姻常是匆促決定。

男女雙方之中，月亮在白羊座的一方喜歡掌握家中大權。而在男子的星盤中，月亮在白羊座，表示妻子非常能幹，柔弱的丈夫準備臣服於妻子之下。若是女子的月亮在白羊座上，表示她需要一個令自己尊敬的丈夫。

白羊座碰到困難不會畏縮，即使好像陷入絕望中，也不會輕言放棄，因爲一方覺得對另一方有責任。許多時候，月亮在白羊座所激發出來的奮鬥精神是維繫婚姻的重要因素。

月亮在金牛座的愛情

感情深沈而長久，雖然激烈卻有節制。月亮在金牛的人個性保守，需要安靜而規律的生活，如此才能夠讓他們能夠一步步的完成目標。雖然他們很感性，但是也有實際的一面，不放棄雄心壯志。忠實的個性吃了不少苦頭，因爲他們的生活態度嚴肅，其它人卻往往不守承諾。性慾強烈（天蠍座的相對星座），如果這方面沒有獲得滿足，他們很可能會感情走私。許多金牛座的物質慾望過於強烈。

一般說來，月亮在金牛座的人不失爲好的配偶。他最無法忍受被拒絕；他們需要別人的認同。他們用情很深，所以很難忘記傷痛，反而會想報復。

月亮在雙子座的愛情

活潑而思慮細密，多才多藝，追求多采多姿的生活，情緒也是陰晴多變。所以他們的伴侶必須穩定、篤定，婚姻才能長久。他們內心衝突不斷，常常是因爲同時和好幾個對象交往而不知道如何抉擇。月亮在雙子座的人活潑開朗，因而結交了許多朋友。只有兩心眞正相印時，他們才會忠於另一半，否則緋聞不斷，難保不會危及合法的婚姻。

至於感情和性生活方面，月亮在雙子座容易興奮，但是只有肉慾並不能滿足他們，他們需要互相激勵和提攜。月亮在雙子座的女子對丈夫的事業很有興趣，會想要知道丈夫如何完成工作。因爲只有這樣，她才能忍受丈夫不在時的寂寞。

月亮在巨蟹座的愛情

月亮管轄巨蟹座，所以巨蟹座是月亮的「家」，情緒強烈，而且容易受影響。健康狀態也是，尤其是消化系統。

心情多變，對周遭環境的影響很敏感，反應比其他人強烈。他們的淚腺特別發達，眼淚隨時能奪眶而出。他們的吸收力很強，所以很快就能了解別人的想法。他們需要能包容他們情緒的伴侶，否則這些「蟹」會退縮而封閉。所以任何不中聽的言語，都可能切斷和月亮在巨蟹座的溝通。

他們喜愛舒適溫暖的家，即使不是華廈也無所謂。男人通常是好父親和好丈夫，他們在家的時候最快樂。

月亮在獅子座的愛情

這些人開朗而仁慈，富有愛心。喜歡音樂和藝術、健談、人緣很好。不過，常因此而不知道如何選擇適當的伴侶。他們會將獅子座的自信、威儀煥發出無限的魅力。

月座獅子常常不是留給未來的伴侶強烈的印象，而是留給對方的父母深刻的印象，老人家被「威武的男人」或「迷人的女人」迷住了，因而鼓勵自己的孩子結婚。

月亮在獅子座有時心胸過於開朗而變成博愛，他需要歡笑，無法長期忍受一個愁眉苦臉的太太。另一方面，他們的伴侶需要特別注意他們的收支和交友，不要讓他們逾越，他們容易因爲過分慷慨而有後遺症。

月亮在室女座的愛情

這些人感情受制於理智，常常無法充分的表達自己的感情，唯恐暴露了內在眞實的自我。不過，有些這種相位的人只從實際的觀點來考慮生活。如果他們要結婚，絕不會只爲了愛，而是基於實際的考慮。女人需要安全感，男人需要一個勤勞而能協助丈夫發展事業的太太。不過，這些人多疑，很難相信別人。

結婚前，最好能客觀的衡量環境和對方，這樣可以避免匆促成婚，增加幸福的機會。有個婚姻幸福的男人說：「小倆口結褵二十年，除了一些小爭執外，我們生活美滿，唯一的遺憾是沒有小孩。」

起初，雙方因經濟問題而不要孩子，等到想要孩子時，年紀大了。月亮在室女座的人很挑剔，通常很晚婚，或根本不結婚；月亮在這裡，似乎很少離婚，原因是避免成爲別人注目的焦點。

月亮在天秤座的愛情

這些人非常渴望愛，因爲沒有伴侶的生活太空虛了。這些人需要伴侶賦予生活意義及共同奮鬥。這些人的生活觀不會過於嚴肅，如果命運作梗，他們會去克服，因爲天秤座的適應力很強。

月亮在天蝎座的愛情

若能克制性慾，生活必能美滿。若是女人，不利的相位很可能會引起腹部的毛病，多少會影響婚姻生活。這些人比較頑固，適應能力較差，沒有手腕，報復心強，不容易原諒別人。這些人不守中庸之道，喜歡走極端。

根據經驗，月球在天蝎座的男人若不節制自己，太太的腹部很可能會有毛病。果眞如此，天蝎座應該把精力轉移到其它方面，不要侷限在肉慾上。

月亮在人馬座的愛情

這些人身心靈巧、適應力強，所以不難和另一半建立適當的關係，除非月亮有不好的相位，或其它相位作梗。這些人的婚姻大致不錯，只有不利的相位作梗才會有不忠的行爲，出軌的常常是年輕的一方。

爲了使生活有變化，兩人最好有共同的興趣，一起運動或一起旅行。如果一方對此不熱衷，可能引起另一方的不滿，給第三者有機可乘。

不要太迷戀月亮在人馬座的人的熱情。他們太興奮時，另一半不要忘了讓他冷靜下來；在情緒低落時，不要忘了安撫他。

月亮在摩羯座的愛情

這些人性格中庸，崇尚自然。實際上，他們並不像表面上那麼冷漠。他們常常拙於表達感情，不願讓內在眞實的自我曝光，所以裝出一付泰然自若的樣子。他們不喜歡作秀，也不輕易表現喜怒好惡。

他們追求能安於平凡的伴侶。男人喜歡實際、節儉、顧家的太太，不追求時髦。如果太太比較慷慨，丈夫會看緊自己的荷包。月亮在摩羯座的女人是很實際的家庭主婦，喜歡丈夫多留在家裡。

這些人忠於感情，而且希望伴侶只屬於自己一個人。他們不會輕易忘記另一半不忠的行爲。月亮在摩羯座的人不擅於表達自己的感情，所以另一半必須多關心。

月亮在寶瓶座的愛情

這些人個性溫和，喜歡幫助別人，崇尚自由、獨立、自主。這些人不侷限於小情小愛而鼓吹博愛，但這並不表示他們不忠於另一半。

事實證明，月亮在寶瓶座常常造成年齡差距懸殊的婚姻。當事人常常同時有好幾個情人或連續有幾樁韻事，這些對後來的生活有很大的影響。寶瓶座是第十一個星座，相對於十一宮，而十一宮是友誼宮。友誼常常比婚姻更重要。

如果月亮在寶瓶座，通常意謂著感情生活不同凡響，只要能找到合適的伴侶，雙方眞誠相待，婚姻必然美滿幸福。

月亮在雙魚座的愛情

這些人柔順、仁厚、適應能力強。他們常常認爲別人不了解他們，所以心情不大穩定，隨波逐流、缺乏自信，容易產生自卑感，女人覺得被孤立，或者變成宿命論，自認命中註定孤獨。

如果月亮有凶相，當事人可能沈迷於藥物酒類、性情不穩定、同時屈服於誘惑而且容易感情走私。

十二星座的感情觀

4

白羊座的感情

白羊座對人熱情，感情豐富，性慾強烈，對異性的追求和戀愛的態度積極而主動。假如白羊座在命宮的位置，性衝動會較爲緩和，很可能會是一個浪漫的調情聖手，但也會有自私的傾向，這會導至精神上的困擾與異常。

白羊座的人略帶孩子氣，有時會讓人又愛又恨，尤其一切事情都不順遂時，這種傾向更爲明顯；有時衝動起來，會變得任性而魯莽。

火星掌控白羊座，你想要的是有活力，對生命有熱愛且有興趣嘗試新事物的伴侶。「什麼都不做」類型的人是不適合你的。因爲白羊是拓荒者的星座，你想要一個能給你自由和欣賞你的、不尋常的，或有特殊才藝的伴侶，而不想要一個凡夫俗子。

白羊偏愛一位果斷的，且有著明確個性的伴侶，你可能發現，你吸引那些有個性比你更強的人。你在婚姻和伴侶關係上扮演著成功的角色，你愛婚姻和所愛的人，是個好伴侶；一生事業有成就，當你結婚的時候，必是功成名就時，正是「立業成家」的典型。而婚後，配偶也能分享到你的成就和榮耀，人際關係和外交手腕更加靈活，運勢也會逐漸增強。

金牛座的感情

銀幕上熱情洋溢的男主角緊握著意中人的手，口中一再喃喃說道：「你是我的！」他的表現無疑是最標準的金牛座作風，假若金星在金牛座，此種傾向會更加明顯。

他在感情方面的佔有慾，就像將情人或是妻子當作一畝需要悉心照顧的園地。不過他的迷人與熱情並不會因此而顯得遜色，反而更增添了可靠與動人的特質。

不過他在生活上會過份以情感爲中心，一旦發現妻子或情人不完全傾心於他時，對他會是嚴重的打擊，而對方也難逃激烈的「報應」。

你有著對婚姻踏實的態度，且是以經濟的觀點認眞考慮婚姻，這不是說你崇拜金錢而結婚，只是，你欣賞它，如果你的伴侶能夠在經濟支柱上有所貢獻的話。

你可能喜歡在你的伴侶身上花錢，且當他或她穿著入時，且予人很好的印象時，你會感到驕傲。你欣賞在婚姻中的精緻及迷人之處。

婚姻對你而言是重要的，而且對伴侶有強烈的責任感。時光逝去，你可能在心中想著人際關係的情況和自己應盡的本份如何，並細心地經營自己的婚姻。

你是一個羅曼蒂克的人，會以一種理想化的態度來看待婚姻，燭光及輕音樂可能是老調，但你知道它們能爲你的婚姻染上魔術色彩。你有一種愛的天性，且抓住每個展露它的機會。

另外，享受婚姻帶來的一切，你同樣享受著婚姻生活的社會觀點。你喜歡另一半，且愛這種關係帶來的社會利益，一個快樂的婚姻可能是結果，你有很好的婚姻，但固執的牛脾氣，偶而也會掀起家庭風暴。

你十分在意物質的基礎和經濟上的利益，更勝過於愛情。你看待婚姻是一種實際上的需要，而不完全是享受生命或婚姻中的快樂。

雙子座的感情

雙子座在感情和婚姻方面，顯示出對婚姻有著一種聰明的選擇，喜歡自由自在而不受約受。風象星座的雙子座，對感情不夠深入，甚至可說是膚淺和不負責任，加上雙重性格和莫名的神經質，對感情的多變性，可能會造成兩次婚姻，但也並非完全如此。

雙子座能夠享受單身生活，但也能享受親密關係在心智上的刺激。可能與某個有著良好的心智，且享受運用這樂趣的人結婚。雙子座欣賞一位能夠表達聰明的思想和主意，以及有個敏捷心思的人。

「溝通」對雙子座是重要的，所以你想要一個能和你談話的伴侶。一位無法溝通的伴侶，對你是不適合的。雙子座不能容忍乏味和重覆，而且如果婚姻一直墨守成規，他會用盡一切努力去推走它。如果水星受剋，有時會造成一場爭執，甚至大喊大叫，對於感情上的溝通是消極的。

雙子座是個風象星座，你需要在婚姻中擁有足夠的自由。被對方控制的感情是不適合他的。雙子座需要多樣的感情活動，要求一位伴侶能瞭解自己，要求自由戀愛，在感情發展的過程中也需求一種心智上的刺激，甚至婚後也會我行我素的，不要對方有過多的生活約束，如果不能達到這些要求，就會遺棄這段感情或婚姻。

雙子座是十二星座中，被人稱為「桃花教主」的一位。他自認是文人雅士，自命風流，自己可以濫交異性朋友，卻不許對方有踰矩行為，會和情侶和伴侶間發生許多爭執。這些爭執最容易造成溝通不良和誤解，會嚴重破壞雙方的關係。

巨蟹座的感情

巨蟹座由月亮主宰，他們有著強烈想結婚的慾望，想由婚姻中得到眞正的安全感和保障，對伴侶有著強烈情感的束縛，並且會接受由伴侶或配偶方面的利益。

巨蟹對伴侶的需求很敏感，對他的思想亦然。在意給予他人的印象，且感覺到伴侶應助自己保持一貫在他人面前的良好形象。

巨蟹珍視家庭、愛家人、愛家中的一切。當你選擇一位伴侶的時候，可能是為愛而結婚，但也考慮到其他因素，如家世背景和經濟狀況　，能符合這些條件，以及能給與他安全感的伴侶，就是最佳的對象。

雖然自己可以過得很好，但是也會感到一個人沒有安全感，在和另一個人的關係中，能給予穩定和較好依靠的感覺，要比單身好，感情如此，婚姻更是如此。

巨蟹座有戀家和戀母情節，可能尋求伴侶或結婚的配偶要符合一些內心的渴求，就是要找一位和母親或父親形象相同的對象，這對被選擇的對象都是不公平的，應該試著避免因拜金或戀親情節而結婚。

獅子座的感情

根據傳統的說法，獅子座的人在婚姻上容易出問題，不論命宮或太陽在獅子座時，此種傾向更爲明顯。

獅子座的人天生需要情人的尊敬與崇拜，他們對感情忠實而專注，並且會將熱情與忠貞毫不保留地表現出來。

獅子座的妻子應該約束自己不讓鬚眉的男子氣，以免剝奪丈夫的權利。

當夫妻宮爲獅子座時，會帶給婚姻及伴侶一種愉快而樂觀的感受，並給予伴侶和自己一樣尋求自我實現的機會。事實上，獅子吸引潛在的伴侶是已經在某方面有成就的人。

獅子座有一種可愛的天性，就是想要付出所有的一切給自己心愛的人。忠實對獅子座是重要的，對感情全心付出，並期待能得到同樣的回報。

獅子座能吸引那些天生有信心及安全感的伴侶，喜歡一種穩定、成熟的婚姻，對伴侶的期盼也很高；他認爲婚姻是一種享樂經驗，並使自己成爲這個組合的主導者。獅子的愛是持久而眞摯的，甚至在艱難困苦時，都不會輕易改變心意，婚姻會帶給他快樂和滿足。

如果獅子座或太陽不佳，可能在婚姻上遭到不利的影響，會和伴侶相互爭領導地位，想宰制對方，這個良好的合作關係，可能因此遭到破壞。

室女座的感情

室女座和雙子座一樣，都由水星所掌管，水星的通訊能力在此被用到實際的層面上。它是個實際的地象星座，也是個活潑而好動的變動星座，作事乾淨俐落，合宜合度而有效率。室女座和金牛座一樣，專注於實際而物質化的世界，但是卻不因此而被侷限住。

室女座分析力和洞察力都很強，做事有條理。但有時不免吹毛求疵，太過保守，所以煩惱不斷。室女座缺乏寬容，所以必須將心量放開，在工作上他能付出耐性和細心，可以好好的發揮專長來分析每件事，這種特質很適合分工精細的現代社會。

但是，有時候把自己或別人分析得太透徹，不但無益而且有害。室女座喜歡工作，為別人服務，這樣才會覺得自己有用。

室女座能給予一個人精密分析的頭腦，來看待婚姻及伴侶。水星的精密性和分析性是室女座的最大的特質，能使他採取理性，來看待婚姻和另一半，但有時也會變得過於理性，而傷害到雙方情感。

室女座欣賞有效率和有實行力的伴侶，想要一個有完美思考與合理分析事情的伴侶。他也想要一個都與他能在各方面能溝適的伴侶，這樣可以傾訴對方的心意，對方也能傾聽他的心靈。

室女座在感情上受不了被忽視，也很難容忍對方出錯，忘了約會時間、地點，或對錢財、理財迷迷糊糊，都讓他非常受不了，並且對此有強烈的反應。如果室女座的伴侶能重視你，或對方為自己全心奉獻、眞心與誠意，最能讓室女座的人感動，則他們在婚姻上會過得很好。

如果室女座有不良的感應，可能會變得吹毛求疵，挑剔而不通情理，會將婚姻或伴侶的感情徹底破壞。室女座需要他人的瞭解和關愛，一些事情都以純眞的信仰去接受。

天秤座的感情

優柔寡斷的天秤座，可能因心軟或錯誤的判斷而糊裡糊塗的結婚，可能沒有盡力將事情考慮清楚，結果因錯誤的理由而結婚。

主要原因可能是因「物質」的吸引而做出決定，對方只要展現錢財或資產，天秤就容易被吸引；也有可能因共同興趣而被對方吸引，被感情俘擄；也可能被對方的美色或外在形相所吸引，而做出婚姻的抉擇。結果，可能陷入某種失望中。

室女座傾向於分析事情，而天秤座傾向於接受事情的表面，如果他或她足夠吸引人的話；當選擇一個配偶時，他想要一個有好的外表形象且性感的伴侶。

天秤欣賞精美、優雅及文明，野蠻或不雅的行爲，只會讓他立刻調頭離去，所以任何有這些惡劣形象的異性，會被三振出局的。

天秤座和雙魚座一樣，依賴心強，也容易被物質美色所吸引，雖然他會很努力地配合同伴，但也期盼對方承擔自己這部分的責任，這將是非常麻煩的事，會使對方感到天秤座是個沒有責任心和懶惰的人。

如果天秤座不好，我們可以發現，當天秤座的人結婚時，極容易受到他人外表或財富所影響，當責任和婚姻兩相衝突，也就是對方如果不願意完全負擔兩個人的責任之時，他們就可能選擇退出，造成婚姻危機，天秤座通常會有兩次婚姻。

天蝎座的感情

天蝎座對於婚姻自有一套主張，就是要求配偶「完全的忠貞」。只有一百，不能是九十九，在他眼裡，九十九等於就是零，如果不能完全掌控，就要「毀滅他」。

這種期待是起源於一種深深的榮譽及承諾感。另外，他也和佔有慾有關，在天蝎座眼裡：「只要是我的，就該是我的，別人休想得到；如果不能完全佔有，別人也休想得到。」

一般人欣賞有些佔有慾和妒忌心的伴侶，使他們有被需要的感覺；但其他的人則不能容忍這種可怕的「佔有慾」。在你說：「我願意」之前，必須要瞭解未來配偶的感覺。

天蝎座偏愛有某種地位、權勢、錢財或具有相當成就的伴侶，而且想要運用感情、婚姻與合作關係上，讓自己能夠一步登天、增強自信心、勇敢邁向新的生活，並造就一個新的自我。

天蝎座的主宰星是冥王星，它是代表重生、再造的星，他可能發現在婚後和婚前的生活大不相同。婚姻可能改變了他整個人，也造就了一段新生活；同時，他們也會感到，命運在你選擇婚姻時，扮演了極重要的角色。

天蝎座的人有很好的洞察力，能看透其他人的動機及理由，這種特殊能力將有助於和伴侶間融洽的相處。

但是，如果天蠍座不利，或冥王星受到不利感應時，將可能發現自己落入一個潛在的婚姻危機中，而這種配偶是很難相處的，這不代表你們之中的一個有什麼不對，只是這種組合通常不大合適。最後的結果不是生離就是死別，因爲堅持、固執，是婚姻最大的殺手。

人馬座的感情

人馬座有著「大男人主義」傾向，雖然有部份人馬座的人，不善於處理感情和婚姻問題；而其他大部份的人，都顯示有著幸福的婚姻生活，而且會天長地久。

當人馬座選擇一位伴侶時，剛開始時可能很重視哲學、心靈上，以及宗教上的契合，而結婚之後，在與這個心智良好者的婚姻中，卻成爲維繫感情的重要因素，並提供了兩個人之間的溝通和連繫管道，這個優點也造就了穩固的人際關係。

人馬座喜愛自由和尊重，需要自由地成長，並吸引著能夠給予他足夠安全感和信任的配偶，他也要求對方永不背離這份信任。他需要一個伴侶兼朋友的配偶，他會給配偶足夠的自由與空間；同時，也會要求對方同樣對他。當他被人或事栓得太緊時，他會很難過日子。

人馬座不是個妒忌或佔有慾強的人，而且也不喜歡別人有這種特質，並期盼配偶能保持一定的標準，例如心胸開闊、有智慧、有理想，活躍、樂觀、獨立、自主等特質。

命運和財運狀況都不錯的人馬座，能在婚姻中的經濟和理財方面處理得很好，他的理想高遠，對人友善而眞誠，能帶給他很大的財富，因此，婚姻方面的問題也較少。

誠實可愛、智慧超絕的人馬座，將世界的人都當作好人看待；而他卻經常奔走於國內外，因此也會十分信任配偶，他寧可相信他或她是個好人，也會依據和你同樣的標準生活，但事實上並非如此，他可能判斷錯誤，配偶可能會趁他不在身邊時，做出外遇情事；即使他發現，也會以寬容的態度來對待對方，反而自責自己的不當。

摩羯座的感情

摩羯座的人對於婚姻及夫妻關係，有著十分嚴謹的態度。他的安全感和成就，大部分在於自己的婚姻中。

摩羯座是天生小心謹慎的人，他不會盲目的跳入婚姻中。有完美主義傾向的摩羯，一生的成就、榮譽和地位，就是知道自己的能力，懂得掌握自己的時間，運用自己的關係來完成偉大的事業。

摩羯座在事情未明朗的初期，或未功成名就時，會避免做出肯定和完美的承諾，包括感情和婚姻，所以事業晚成，婚姻也容易耽誤而致晚婚，直到確定有了自信和決定後，才會做出肯定承諾，做任何事他都會認爲不夠完美，因爲他天天都在進步。當然，錯誤仍可能產生，而且人確實會改變，一旦他做了承諾，就會盡全力去做到。

摩羯座的人對於婚姻會做出完美的承諾，終身不渝，所謂「白頭偕老」、「百年好合」、「海枯石爛，此心不渝」。這些都是摩羯座人的承諾，一般人也用這些字句來勉勵所有的新人。

摩羯座對於婚姻可能有著沈重的責任感，如果在某些觀點，他瞭解到婚姻不是期待中的那樣，他也會盡一切努力持續下去，而且認爲這是應盡的職責，無法推卸。

摩羯座對於伴侶的選擇，可能是選擇和他一樣認眞，並有明確人生目標和事業野心，而且努力工作，和自己一樣善盡職責的人。因爲如此，他決心要遵守對婚姻的誓約，對所選擇的婚姻，都會盡力持續到老。

摩羯座對於婚姻會小心經營，他不允許自己喜歡的人受到他人的傷害。他也想要確定自己的配偶是否眞的愛他，如果情投意合，他們都會以相同的態度來對待對方。

結婚後雙方關係若沒有想像那樣美好，則可能是在選擇配偶時太過於挑剔，而結婚後又過於吹毛求疵，這樣會在他的人際關係上，產生冷漠及其它不良的影響。

寶瓶座的感情

當自己是寶瓶座的人，最好在婚姻自由中，去追求自己的樂趣。寶瓶的人不願待在任何試圖將自己拴的很緊的婚姻中。

寶瓶座需要一個可愛而有教養的伴侶，當他感到窒息時，這個伴侶就能發揮最大的功能，有時他會過度要求配偶。寶瓶除了自己需要開闊、自由的空間外，更會想辦法擴展伴侶的社會空間。

天王星和寶瓶座，喜歡探究不尋常的事物，起初是一種興趣和嗜好，最後會成爲他主要的人格特質。他選擇的伴侶，可能有著同樣特別的天份或不尋常的背景。例如，對方是一個對生活和人生有著不尋常追求的人。

寶瓶座喜歡自由，常被認爲是「中性」的人，或「無性」的人，他的婚姻組合，可能就是不尋常的，而且不追隨傳統婚姻觀念，他們之間可能沒有一般婚姻的甜蜜和好處，雙方保持尊重，也形成對立的態勢，但無損婚姻關係的和諧，眞是一對奇特的伴侶。

寶瓶座有一種對他人大公無私的態度，他的戀愛好像在交一個朋友或一個紅粉知己，而不覺得是在選擇配偶，或有強烈結婚的意圖，他們只是平淡無奇的交往。因爲寶瓶座不想很快失去自由，所以有著別人沒有的自我克制或自我設限。

寶瓶座可能和自己不同信仰的人結婚，或許嫁給一個不同種族的人，有時看對眼，不必經過麻煩的戀愛過程，也會閃電結婚。可能認識很短的時間，或已認識一段時間，而憑一時衝動而結婚。

寶瓶座是個強烈獨立、自主性格的人，在結婚前經常缺乏事先考慮或詳細規劃，他可能因爲心緒不穩或態度上的改變，以致和配偶很難相處，更可能導致麻煩，甚至離婚。

雙魚座的感情

雙魚座透過婚姻，可能爲你展開了一個新的世界。雙魚座的人婚後容易受到配偶的影響，而且會對自己或對方的要求及需求有所回應，他可能經由伴侶，活在情感生活之外。

因爲理想主義是雙魚座和海王星的特色，他可能有著對婚姻不切實際的期待，最後可能變得失望，讓自己沮喪、感到上當、受騙。

事實上，婚姻是一個「想像美好，事實卻並非如此」的事情，因爲「戀愛是浪漫、多情的；但是結婚、家庭和子女等，是現實生活的體現」，雙魚的人很容易被感情衝昏頭，但結婚後卻不敢面對事實，容易造成失望，如果不能面對現實，將由失望變成絕望而離婚，回到過去單身孤獨的生活。

雙魚座尋找心靈上的伴侶，無論找到或沒有找到，都可能和你的伴侶，有一種強烈直覺感應，因爲他容易受到別人的情緒或外界事物變化的影響。需要選擇一個有積極、樂觀、自信及安全感的伴侶。如果和這種對象結婚；如果遇到消極而不負責任的人，將可能不會長久快樂的生活。

雙魚座能夠給予無私的愛，且對伴侶付出許多，而且也希望得到同樣的回報。他和天蝎座的人一樣，有一種天生的妒忌心和佔有慾，並存著一種情感泛濫的傾向，當伴侶是虛僞的和不可靠的時候，就很可能偶而發生婚外情問題。

金星的感應與影響

· 金星和先天星座的感應

· 金星在後天宮位的影響

5

金星和先天星座的感應

金星Venus是羅馬神話中的美之女神，代表精神的圓圈位於代表物質的十字之上♀。這個記號，象徵愛的力量，使精神戰勝了意志；這也是女性的記號，所以金星代表包容性、女性、陰性、情感等意義。

金星是愛的化身，是愛、吸引力、價值觀、自我價值及金錢的星。有關個人女性的本質，與女性的關係，婚姻、子女，以及對藝術、享受的態度。它使人追求和諧、均衡、安寧；它的特質是溫柔、同情、浪漫、友善、美麗、歡樂、藝術、音樂、禮儀、價值。它可以告訴我們一個人在服飾上、家具上，以及對人事物上的喜好。

金星統轄金牛座與天秤座。代表感情，人的價值觀，以及人的社會驅力。金星不只彬彬有禮，還有優雅與圓融。它也可以描述出彼此關係間的本質，當你對吸引力、價值觀、價值的基本原理有問題時，可查看金星。

但是這些美感特質，碰到天蠍座或白羊座卻發揮不出來。室女座吹毛求疵，也可能壓制金星，而雙魚座的愛心，卻可以使金星的美質進一步的發揮出來。如果金星凶相，柔美的本質會變成風騷、虛榮、放縱、懶惰、不負責任……等。

從地球上向天空望去，金星與太陽間的度數不會超過四十八度，與太陽的位置相距兩個星座。

金星在白羊座

・重視自己的獨立性，並且認為一個人的獨立個性是最吸引人的地方，並常依第一印象決定自己的喜好。

・優點是個性積極和開放，容易受社會環境的影響。

・缺點是第一印象主宰了感情，像飛蛾撲火般衝動式的愛情，造成單行道式的單戀情節，總是撲一場空。

金星在金牛座

・喜好欣賞美好且單純的事物。保守的特質使你在建立人際關係的速度上較為緩慢，但人緣很好。

・優點是易被有堅定價值觀的人所吸引，並且享有持久的友誼。
・缺點是易成為物質主義者，傾向物質化則易被錢財引誘，變成他人的擁有物，易被玩弄而失去自我。

金星在雙子座

・金星在雙子座的人相當機智、友善，在雞尾酒會上是很受歡迎的人。
・容易受有文才或智慧型的人物所吸引，並且是瑣碎資料的收集者。
・優點是有魅力和機智。
・缺點為快速的交友方式，與人交往僅是表面的認識，卻沒有眞正地瞭解過這些人。

金星在巨蟹座

・表示你是個熱心的人，關懷眾人之事。你需要情感上的安全，並在熟悉的環境中表現最自在、自我。

・通常對古物、歷史、地理、考古等學科有興趣，是家庭中的保護者，也是家務的整理和收集者。

・優點是熱心家庭和子女，關懷周遭、社區和民生事物。

・缺點是自衛性過強，在和新朋友交往或接觸新環境時過於謹慎小心。

金星在獅子座

・表示你喜歡誇耀，喜歡以開放和慷慨的態度與人交往，也希望他人以同樣的態度回饋於你。

・優點是慷慨，喜歡小孩，在生活上喜歡營造一種高貴奢華的氣氛。

・缺點則是一個名利的追求者，在與他人的關係上過於戲劇化。

金星在室女座

・通常有特別的嗜好或潔癖。像個偉大的藝術鑑賞家，對細節相當仔細，且喜歡複雜的工作，對於本性謙虛的人更爲喜愛。

・優點是追求細節，創作美麗的音樂及藝術，爲完美主義者。

・缺點是爲了自身的好處而過於大驚小怪，挑剔性強也往往讓自己很難去欣賞別人。

金星在天秤座

．注重外表，在與他人的關係上非常開放。
．欣賞外形優雅，有魅力，且願意在彼此關係上分享平等關係的人。
．優點是可成為優雅的男仕及淑女，而且對於藝術或美好事物有獨特的眼光。
．缺點是將外表的美醜置於第一位，而不知欣賞內在美。

金星在天蝎座

．注重感官上的感覺，對愛非常熱情。也易被未知及神秘的事物所吸引，也因此社交生活較為複雜。

・優點是在人際的關係上相當投入，遇到困難也不會畏縮，會不計任何代價從事艱難的工作。

・缺點是佔有慾和善嫉妒心強，也不知何時該放手去做，常做出讓人痛心，更讓自己後悔的事。

金星在人馬座

・個性相當開放，並且喜愛冒險。樂於以開放的熱忱與人相處，並爲不同種族或不同背景的人所吸引。

・優點是開放和友善，喜歡運動及戶外活動。

・缺點是對目前的環境常感不滿，喜歡追求高遠的理想。

金星在摩羯座

・在人際關係上保守而實際，容易被擔當重任的政經人物和社會名流所吸引。

・優點是性格沉穩，喜歡從事艱難的工作，並且是優良的組織者。

・缺點是太過於冷靜，在與人的關係上多是政治、商業或教育方面往來的情誼。

金星在寶瓶座

・喜歡與人親近，相當欣賞個人主義者，並且是新發現及新思想者的陳述者。

・優點是關心社會，並樂於幫助他人。
・缺點是雖然非常友善，但當困難發生時，則會變得難以接近。

金星在雙魚座

・性格溫柔，而且羅曼蒂克，也會被相同氣質的人所吸引。
・你在人際關係上非常敏感、脆弱和退縮，必須要克服害羞。
・優點是具有憐憫及溫柔的特質，像紳仕、淑女。
・缺點是性格隱晦退縮，對不投入和不深入的人際關係感到害怕。

金星在後天宮位的影響

金星所在後天十二宮，表示生命中某一時期會表現出金星的事，如藝術技巧、合夥、感情、美感或金錢上的需要。

金星在第一宮（命宮）

‧具有美貌和魅力，也易沈迷於自己的美麗、人緣和運氣，經常被寵壞，使你變得懶惰、撒嬌，不利於人際關係。

‧和藹可親，儀態優雅，風度翩翩，過於注重社交生活，在社交場合中，易受異性喜愛。

・渴望快樂，喜好音樂，對藝術與旅行有高度興趣，喜愛研究藝術或更高深的思想。

・具有公正、快活、親切的性情，重視友誼、形象和禮節，受人歡迎，漸漸沉溺於尋找伴侶和感情中。適合從事有關藝術、裝飾物、劇場的工作。

・金星位於白羊座、室女座、天蝎座、摩羯座時，會減低幸運的程度。

金星在第二宮（財帛宮）

・重視錢財及錢財的獲得，擅長積攢財富。對女人來說，財運極佳，感應良好則有利理財，在藝術、演戲方面會成功，也會有一筆財富。

・喜歡從事與美感有關的職業，尤其是與女人，藉由對藝術興趣和追求使他們獲益、賺錢。透過合夥與物質上的利益來成就自己，藉著社交活動來獲得有利的財物支援。適合從事飯店、餐廳、高級商店等行業。

・自信心強，適合從事藝術工作或與人合夥。男人會隨心所欲的花錢在女人身上。而女性則會因爲營造樂趣，獲得青睞而購買衣飾，顯得浪費，不過所購買的東西多是美觀耐用的。

金星在第三宮（兄弟宮）

・和兄弟手足、親戚的關係良好，喜歡社交及和諧的人際關係，把朋友當成家人一樣。

・具有藝術特質和仁慈心。

・喜愛讀書，成績很好，對藝術科目成績最好，具有文藝和美術才能，可以從有關藝術方面的探尋或旅行中得到利益。如果感應不良，則顯示其美感特質過於膚淺。

・短期旅行及合作關係對你有幫助，多多學習和交友訪友，會有許多幸運的事。說服力強，談吐迷人，是效率很高的推銷和業務人才。

金星在第四宮（田宅宮）

・有一個穩定的家，得自父母良好的遺傳，在生命中有一個快樂的生活和美好的結束。居家環境必須悅目、舒適。期待取得遺產和不動產，擁有和睦家庭，可以過著美好的人生。

・所有的事都會有圓滿的結果，如果金星凶相，就會變得揮霍無度或自我放任。

・以興趣而言，繪畫基礎上若再具備設計頭腦，則更有發展。可以從插花、室內裝潢中得到樂趣，但爲達到目的而大肆揮霍。若一昧期待異性的喜歡，會招致失敗後果。

・受不了家中亂七八糟或吵架，所以平和而充滿幸福的家對他是很重要的，他們有要求完美的性格，擅於創造友善氣氛及防止爭吵。

金星在第五宮（子女宮）

・透過小孩，戀愛會成功，投機買賣會順利，人生會過得很快樂；但也會顯得任性，不專心事業，只從事較輕鬆的工作。如果金星吉相，則從事有關戲劇或音樂活動容易成功。

・熱心投入社交，受人歡迎，有創新的天份但常用在玩樂和享受方面，與小孩溝通良好，也能吸引異性，風流韻事層出不窮。與戀愛、競爭和子女有關之事，都能成爲一個幸運者。從異性那兒可以掌握生財機會，同時以錢滾錢。

・能欣賞創意及藝術，尤其是戲劇方面，喜歡遊戲、娛樂、戲劇，以及社交活動，並具備這方面的創造才能，如果能利用美感和娛樂的特質，則必能創造美好人生而成功。

金星在第六宮（奴僕宮）

・飲食有節制，愛好美食，健康情形頗佳，注意營養均衡。如果金星凶相時，會顯得過於潔癖或挑剔，腸胃和消化系統會感到不適，也須要注意喉嚨方面的疾病。

・身體健康，工作令人滿意，工作環境和諧、平靜，同事間互相合作，喜歡輕鬆的工作，不喜歡競爭或太狂熱的競爭團隊。可能與女人一起工作，同僚和部屬中，有很多漂亮的人。適合從事藝術、道具服裝、休閒用具。

・工作態度良好，即使當佣人或合夥者，也能重視彼此間的和睦關係。如果有煽動性的言語，則容易傷害到人際關係，工作不能令主管滿意。

・不喜歡髒污或困難的工作，除非其產品是很美的東西。從事不需要弄髒手和衣服的工作，也有成功希望。

金星在第七宮（夫妻宮）

・會交際又有吸引力，受人歡迎，但是不要過於沉醉在別人的讚許中。有很好的婚姻關係，而婚後的社交與合作關係，也容易受到另一半的影響或感化，並因此改善生活。

・如果金星吉相，適合婚姻及事業上的合夥。但凶相時，由於性方面未能滿足，往往引起怨言和苛求，對合夥有不切實際和情緒上需求，如果以得失來考慮人際關係，一旦自己比對方多付出時，容易產生不滿的態度。

・和異性間的合夥事業也很好，但在成功地達成願望後，會因懶惰或疏忽而失敗。也會對合作關係充滿不切實際的需求，如果過於強烈，對合夥關係會有不良的影響。

金星在第八宮（疾厄宮）

・繼承錢財、財產或遺產，而且可得到有錢的配偶者和合夥對象。在中年以後，能夠經由婚姻或合作關係，在經營事業有幫助，財務收入可觀。但如果投機冒險，必會變得運氣不佳。

・佔有慾強，又愛嫉妒，行動神秘容易引人誤會，性關係雖然和諧，但卻無法滿足。情感上性關係是很重要的，有深情的承諾才會發生性關係。

・對宗教、神秘學和心靈學感興趣，有時抱有被靈魂迷住的妄想觀念。晚年腎臟容易發生問題，平靜而安祥的死亡。金星受剋時，渴望獲得性滿足，時常抱不滿，傾向安樂死。

金星在第九宮（遷移宮）

・喜愛音樂、藝術、形上學或神祕的事物，宗教、哲學、藝術等對你有吸引力，因關心外國的藝術、民俗、文化或生活，所以經常旅行或居住國外，甚至婚後長居國外，女性則會和外國人戀愛或在國外結婚，並從結婚對象的親屬中得到利益。

・大學時代十分快樂，或透過學問、深造而戀愛，這有助於未來發展，一生有好運，能逢凶化吉，也可保住身心不受任何嚴重傷害。

・心地善良，有同情心，和外國人關係良好，朋友來自各階層，多是高層或有學識修養的人；與外國人間的買賣和合夥事業極爲幸運，長途旅行、購物或藝術方面會帶來利益。

金星在第十宮（官祿宮）

・和藝術界有密切關聯，支持藝術的追求，社交能力很好，使你在藝術界、服裝界有顯著表現，也具有外交手腕。可以和女人一起工作，社交與工作有關，工作愉快而成功，事業順暢。

・和雙親關係很好，可以從雙親和位居領導地位者幫助，並得到援助；但在受剋時，容易感到失望，有時會爲雙親的感情而爲難。女人則因爲開朗和仁慈的性格，對人緣、工作和事業有幫助。

・美好的容貌和優雅的儀態，是掌握幸運和成功的關鍵，會想選擇與快樂人生，以及賺錢有關的職業。大致說來，結婚後的家庭生活舒適而和睦。如果金星凶相，則創造力有限。

金星在第十一宮（福德宮）

・交遊廣闊，能從社交中得到滿足感，也會受到趣味相投的友人和有教養人們的喜愛。能經由朋友和幸運同伴的幫助而得到財物或利益，也期待企業經營能繁榮賺錢。

・在個人所屬的社會、團體、組織中，擔任潤滑劑的協調角色，爲社團的利益而努力，朋友很多。

・金星和水星不利，有受騙的危險。與土星凶相，會產生宿命論的感情。與天王星結合，則受人崇拜。與海王星結合，將有不尋常的愛情。

金星在第十二宮（相貌宮）

・個性害羞，好朋友不多，容易產生暗戀情節。神祕的愛或不倫之戀，也會導致嫉妒或麻煩。

・如果金星吉相，則這個關係將能逃過別人的注意。

・通常造成早婚，但又因爲別的因素或第三者的介入而導致離婚。經常感到莫名的煩惱，有許多秘密感情的困擾，或擁有許多異性敵人。只要打開心靈，加上自信，就可以改善。

・對神秘學和神秘主義著迷，對於愛情和內在深情相當保密，也希望隱遁避世，將潛意識的感情融合而形於外。

・可從神秘學和被隔離的工作那兒得到利益。可以從事社會、醫療、安養的工作，一旦住在閑靜場所時，必能獲得好運。如果金星凶相，會悄悄地燃起嫉妒心。

十二星座的親家與冤家

6

白羊座相稱和不相稱的對象

白羊座對感情是熱情而執著的，面對感情是勇往直前，絕不退縮的；如果有看對眼的意中人，就會一見鍾情，有如飛蛾撲火般的狂熱，感情進展迅速，但因爲熱度是一時的，這種衝動多是五分鐘的熱度，有時也會碰上鐵板，讓他在感情上起起伏伏，遇到挫折困難時，他也會很快的轉移目標，找尋其他對象。

各星座與其他星座的結合，如果是相稱的對象，則感情融洽，婚姻美好；但如果是不相稱的對象，甚至會成爲你的情敵或死仇，不可不知。

和白羊座的人相稱的對象：

・白羊座：同屬於白羊座的人，是個相稱的對象，會有共同的目標，在相互勉勵下，會有飛躍的發展。

・獅子座：獅子座的人會好好的依從你的生活方針，成爲一個最理想的對象，在家庭會有「安定」和「晴朗」的心。

・人馬座：熱情、大方，熱心助人的人馬座，也能爲你著想，連他喜愛的電視也不看而遷就你，採取同一步調。

和白羊座的人不相稱的對象：

・巨蟹座：巨蟹座性情易變，讓人捉摸不透，加上做事遲緩、心情不定、見異思遷，最不相合。

・天秤座：天秤座天生優柔寡斷的性格，有招致不和與分裂的危險。

・摩羯座：由於摩羯座和白羊座的生活理想和方向差異太大，使關係漸漸離漸遠，不會幸福。

金牛座相稱和不相稱的對象

金牛座的女性是個身體健康、充滿活力、生活欲望強烈的女性。她喜歡無憂無慮地生活，她渴望經歷戀愛、結婚、家庭、孩子和美味佳餚的全過程愛情生活。

金牛座女性是一位理想的家庭主婦、出色的女主人和精明強幹的女強人。喜歡生活在佈滿鮮花或茂盛綠色植物的環境裡，只有當她的生活充滿恬靜的田園氣息時，才會感到什麼是眞正的幸福。

可愛動人的金牛座女性，是一個精力充沛的人，頗能按照女人的特質無憂無慮的過日子。她頗具魅力，渴望經歷愛情生活的全部過程。

一但更年期到來若碰上挫折，她的性格容易產生變化，像心情抑鬱、煩燥、自我意識突出，促使她轉而去尋求物質和精神上的平衡。

和金牛座的人相稱的對象：

・金牛座：同樣屬於金牛座的異性，能彌補她性格上的不足，盡管在生活中難免會有些矛盾，但和諧的生活是她精神上的依托。

・室女座：內向性格的室女座，喜歡經濟獨立的對象，但嫉妒心也強，如果確信自己得到了所愛的人的眞愛，她就會成爲最賢慧的好妻子。

・摩羯座：能和金牛座志同道合的是摩羯座異性，在工作上，他們互相幫助，在生活中彼此關心、體貼。

和金牛座的人不相稱的對象：

・獅子座：安穩踏實，又能節省儲蓄的金牛座，最不喜歡愛慕虛榮和好賭的獅子座，最好不交爲妙。

・天蝎座：心靈高潔的金牛座，受不了天蠍座的過於慎重而鬱悶的個性，彼此生活理想差異很大。

・寶瓶座：和寶瓶座是不理想的對象，因爲社交和精神生活上的差別太大，生活衝突上難免發生。

雙子座相稱和不相稱的對象

直說他們是過了四十歲才開始喝酒玩女人的人，結果會把家庭，以及個人的一生整個毀棄。然而，對於善於玩樂的雙子座男性，這句話對他們來說是講不通的。

一方面愛情不斷在熱情燃燒，十分熱中於愛情遊戲，而另一方面又不斷在熄滅一些分手情侶的怒火，而自己卻保持著清醒理性的頭腦；具有雙重和多重性格的雙子座，他的愛情是不斷在滋長的，即使是已婚，桃花韻事也是接二連三的發生。

對於性的要求並不強烈，但即使在性愛過程中，也是以學習的態度去探究。平常顯得十分理性而有學問的雙子，如果遇到感情挫折時，就會成爲一種虐待狂的粗暴情人。

雙子座天生風流，不知節制，因爲愛情不專一，腳踏幾條船，經常會愛上許多人，而造成不可收拾的地步。他經常和人爭「愛人」，也經常成爲眾人的「情敵」；可是上天偏偏在幫他，讓他同時擁有許多的情人，實在令人羨慕和嫉妒。

和雙子座的人相稱的對象：

・雙子座：神經過敏的雙子，無法度過單調而令人厭倦的生活，隨時能給家庭吹入新鮮的朝氣。

・天秤座：具有溫和性格的天秤，能使生活和理想成爲一體，使家人得到幸福的日子。天秤女性感情細膩，富有激情，熱情好客，喜歡交際，會豐富雙子男性的生活意境。

・寶瓶座：是個可信賴和值得自豪的對象，寶瓶有親切的服務精神，可以把勞苦忘記，過著輕鬆而有生氣的生活。寶瓶有創新精神，智力天賦較強，友誼信念堅定，是雙子男性事業上的得力助手。

和雙子座不相稱的對象：

・室女座：精細和完美主義，反而成爲無法相處下去的主因，這種愛無法獲得交流。

・人馬座：也是不良的組合。有時會和雙子廣博的情趣同步，適應他無拘無束的性格，但有些卻不能適應，甚至生活和理想都無法一致，而成爲精神病的原因。

・雙魚座：彼此間的溝通無法圓滿順利，連擠牙膏的方法這種小事也會使雙方感到厭煩，有家庭破裂之虞。

巨蟹座相稱和不相稱的對象

巨蟹座的感情眞摯坦誠，但性格較脆弱，女性是個充滿幻想，天眞而溫情的女人，她的思想充滿朦朧的意識。她十分鍾情於所愛的人，但往往不知道眞正令她心醉的人是誰。不論男女，都有戀親、戀家情結，家庭對他們的影響很大，有時甚至會延遲他們的婚姻。

母愛之情在這一星座的女性身上得到了充分的表現；一旦有了家庭，她會全力以赴的培養和教育孩子，爲了孩子，她會甘願獻出全部的愛；她願從一個年長的男性那裡得到父愛和保護。摩羯座的男性會理解她的願望，帶給她所需要的安慰和愛。她與重感情的雙魚座情投意合，而她最需要的則是天蠍座的伴侶。

巨蟹座女性的性慾及性感，是一直到受人教了之後才會有一番認識和感覺的，但懷孕生孩子的能力是出眾的，非常優秀。

和巨蟹座的人相稱的對象：

・巨蟹座：同樣巨蟹座，是一種把愛繼續奉獻到底的人，爲家爲孩子而奉獻一生的人。

・天蝎座：與其重視表面，不如重視充實心靈的愛情，而又能夠獻身的好伴侶。一個和自己相合的對象，是終身依靠的伴侶。而一個和自己不合的異性，就是最可怕的情敵，會阻礙感情的發展。

・雙魚座：具有和自己一樣的慈愛、感性和人情味，能爲愛做最大犧牲奉獻的人。

和巨蟹座的人不相稱的對象：

・白羊座：會使巨蟹座感到是個不活潑、不善應酬而沒有趣味的人，於是會產生厭惡感。

・天秤座：對愛情不夠專一，隨時身邊都有個護花使者的天秤，生活方式和巨蟹完全不同。而保守的巨蟹座，對於天秤的愛情觀是不敢苟同的，所以是不適合的結合。

・摩羯座：對家的感覺著重在家庭之外的空間，對巨蟹座而言，會使他無法忍受這種沒有情緒氣氛的束縛感覺，而使他每天過著不調和的生活。

獅子座相稱和不相稱的對象

支配獅子座的是太陽神阿波羅，阿波羅象徵年輕、男子漢、大丈夫，又屬於光明與詩歌、生命與法律，以及秩序的保護者。從古時候就聽說：阿波羅的黃金馬車，上昇於東方天空時，地上就變爲早晨和白天；反之，走入西方天空時，地上則變爲黃昏和夜晚。

獅子座的人對伴侶是堂堂正正交往的，女獅子的愛情也是光明正大來往的，不是見不得光的「地下情」，因爲她們都是「正宮娘娘」型的高貴女性。

一般人對於初次見面的人求愛，難免有害羞不自然的表現，但換了獅子座的人，則在態度、表情上優雅而自然，令人有深刻的印象。獅子座的人善於表現熱情和親熱的場面，在言行上喜歡誇大其詞的讚美對方，這是所有星座男性中是最具特色的美男子。不論男女獅子，常以緊迫盯人、半逼迫性的方式接近喜愛的對象並大膽求愛，但對於親熱的過程則絕對按步就班，而不會顚倒順序，讓對方受不了，始終表現出他的泱泱大度。

不過，身爲美男子的獅子座男性也有其缺失存在的。那就是女性給予的讚美：「你眞好！」「你眞是太美、太棒了！」女性會爲這些話而大受感動，感情也會進展得很迅速，有時也會不惜鉅金，買個高價寶石贈送給對方。

和獅子座的人相稱的對象：

·白羊座：熱情而富人情味的性格，對於喜怒哀樂，能爲喜愛的伴侶分擔而同甘共苦。

·獅子座：同屬於生活節奏快速而開朗的人，對所愛的人會全力維護，是個最佳的情侶。一個和自己相合的對象，是終身依靠的伴侶。而一個和自己不合的異性，就是最可怕的情敵，會阻礙感情的發展。

・人馬座：富於進步開放的性格，有開朗民主的思想，對關愛的人會給與寬容和自由。

和獅子座的人不相稱的對象：

・金牛座：令人感到像蠻牛般的頑固，獅子座會特別感到委屈，形成不幸福的婚姻生活。

・天蠍座：個性固執，永不妥協，在你看來，未免過於自私自利，將會變成不和及分離。

・寶瓶座：衝突中亦有互補，但略嫌固執和獨立、自主，讓獅子座感到無法自由伸展。

室女座相稱和不相稱的對象

室女座的人謹慎小心，是一個愼重而値得信賴的人。對他有利的條件是能「精益求精」，而不利的條件是「缺乏勇氣」，而批評精神過強也成爲他的弱點。

室女座向伴侶示愛的方式是：躊躇不前、猶豫不決的。他一生渴望的事，是優點和情趣能得到他人的欣賞，做事一絲不苟，想要實現他的計劃，希望達到盡善盡美。但由於過份的獻身精神，容易受騙。室女座喜歡倘佯在自己的小天地中、閉門幽居。

室女座女性有一種內在的魅力和不受新潮干擾的特殊氣質，她心甘情願的承擔起家庭生活的責任，但需要別人記住她的努力工作，是一個出色的家庭主婦。

和室女座的人相稱的對象：

・金牛座：室女座的愛並不是由金錢或肉體而產生，是由憧憬純情而產生的，所以最好選擇一個能使他尊敬和相合的對象，這就是有著純眞童心的金牛座。

・室女座：永遠保持純潔的愛，最好有一個瞭解自己的對象，同樣是屬於室女座的就不會老是要求濃厚肉體的愛，而能夠繼續不斷的互相保持著情人般的氣氛。

・摩羯座：雖然沒有陰暗的影子，但有晦暗不明的情緒，所以選擇一個能調和這種暗度而提高亮度的人。

和室女座的人不相稱的對象：

・雙子座：風象的雙子，顯得輕浮而無知，也會有不可依靠的感覺，對他那輕率的談話或舉動，總會感到雙子的膚淺、虛假的一面，令人無法相信，變成婚姻不和的原因。

・人馬座：活躍而任性的人馬座，對認眞、負責的室女座來說，是不適合的，室女會感到人馬座好像沒有根的浮萍一樣，是沒有責任和輕浮的人。

・雙魚座：那種對愛認眞投入的態度變得十分黏人，產生強烈的疑心病和掌控性，讓人受不了；對室女座而言，反而使他感到鬱悶而不安，感情也無法眞正溝通而變成怨偶。

天秤座相稱和不相稱的對象

天秤座的男性要選擇對象時，有時顯得慌亂，不知從何下手，有時也顯得苛刻，條件很高，對那些不合條件的人，他連看都不看一眼，完全不會理睬他，但對一些對他諂媚、獻殷勤的人，有時會心軟而顯得脆弱。

天秤對於錢和情兩字，認爲是個人的或兩個人的秘密，不願告訴他人，顯得十分神祕，如果知道自己愛上對方，或被對方愛上時，就會成爲一個比較忠實的伴侶，但是如果兩個人中間出現第三者時，或發現一點愛的破綻時，就很可能會情緒化的拆散對方、將家毀掉或變得比對方更加淫亂來報復。

懂得適可而止的天秤座，在戀愛期間，會是在一種超友誼的關係中發展兩性關係，往往會在不發生危險的邊緣上停下腳步，不致因衝動而造成令他後悔的事來。當性慾激盪時，天秤的人也不會失去他優雅的氣質和端莊的外貌，對情慾的飢渴是不會過於衝動的，這是一種「和諧的愛」。

至於性生活上，天秤是個喜歡全身被刺激的「被虐狂」，是一種被異性虐待而感覺快感的變態性慾者。對習慣上的「前戲」或「後戲」是無法滿足他的。

天秤座的感情、婚姻和錢財分不開，一切以物質條件和性慾滿足爲前題。他爲財富而結合，也因錢財耗盡而分開；他爲情慾而結合，也因性慾不滿足而分開。

和天秤座的人相稱的對象：

・雙子座：和天秤座人也能快活的生活，並共同面對富於變化的人生，能在天秤座的人生中充滿快樂和祥和，而不致感到孤獨。

・天秤座：同屬天秤，理念一致，可以相合。由於雙方都具有和諧、謙讓的性格，但是在生活中，也難免造成單調無趣的狀況。

・寶瓶座：一個天秤座的人不能不尋求一個能追求安全而和平的生活對象。天秤和寶瓶，即使步入困難也不會嘆息，對生活上的創傷也能相互安慰、相互體諒，並期盼彼此過著和平、安祥的人生。

和天秤座的人不相稱的對象：

・白羊座：天秤會認爲白羊座不過是個粗野而性急的人，勉強結合的結果，容易造成離婚。

・巨蟹座：保守、勤快的巨蟹座和自私、懶散的天秤座是不合的，會使生活紊亂並有分裂危機。

・摩羯座：摩羯座會讓天秤座感到保守、樸素而沒有生氣，容易招致鬱悶、不和的衝突。

天蝎座相稱和不相稱的對象

天蝎座對於情人或伴侶，在財產或精神上，有時無法做到相互尊重，替對方保守秘密，反而喜歡打聽或刺探對方的隱私，以便控制對方，而且嫉妒心也很強。

天蠍座男性，只要看上目標，就不易放棄，直到對方棄械投降為止。在選擇女性時無不為己而著想，若是上司或富翁的女兒，即使稍為不合於自己的性格，也會緊追不捨的展開追求，直到成為另一半為止，絕對不會中途退出的。

天蠍女性，對於充滿活力和有錢有勢的男性，頗感興趣，並會使出自己最大的本領和魅力來吸引對方。即使口才不好，但行動力卻很強，對於努力開拓人生的人，都是她所喜歡的對象。至於沈迷於遊樂的男性，或是懦弱無能的人則缺乏興趣。

和天蠍座的人相稱的對象：

・巨蟹座：和天蠍都有忠實的特質，為建設穩固的家庭努力，而不會輕意破壞安定的家。

・天蝎座：可以互相把自己誠實的特色有效地活用，所以能夠過著和平而快樂的生活。

・雙魚座：因爲雙魚座的人善於了解別人，而且會重視你的交談，都有多情和隱祕的特質。

和天蠍座的人不相稱的對象：

・金牛座：喜愛和諧安詳的金牛，對於天蝎座堅持、沉悶、深藏的性格，是難以相處的。而天蝎座孤獨、專橫、嫉妒的性格，必須適時改正，不然，好好的婚姻將會遭致失敗命運。

・獅子座：虛榮心重，說話喜歡誇大不實，對於這種愛好外表美觀或故弄玄虛的作風，對於做事穩重、判斷精準，不會浪費精神和時間的天蝎座而言，是無法接受和順從的。

・寶瓶座：天蠍座討厭過於自我、有叛逆性格的，爲了堅持己見而編造理由或饒舌多嘴的寶瓶座。喜歡自由、不受約束的寶瓶座，也不喜歡天蠍座這種強制、霸道，難以合作的人。

人馬座相稱和不相稱的對象

人馬座女性嚮往的是無拘無礙的、自由自在的生活，她比一般的女孩子都要單純，她的生活充滿幻想，她希望得到一份純眞且盡善盡美的愛情。但是可以肯定，在建立了家庭之後，這個人馬座女性便完完全全變成一個賢慧的妻子和優秀的母親。

她用自己的力量支撐著整個家庭，並將愛毫不保留的獻給丈夫和孩子，在丈夫面前，她會像朋友那樣，理解、尊重他所從事的事業。

和人馬座的人相稱的對象：

・獅子座：磊落、明朗、快活、慷慨而大方，生活觀一致，必能共享快樂，互相安慰。

・白羊座：具有很高的理想和目標，必能成爲極佳的伴侶，也是十分理解人馬座的人。

・人馬座：同爲樂天派，能共同享受人生的快樂和完成理想抱負，能成爲幸福的對象。

如果能和上述三個星座的人結婚，也必會有良好的子女運。

和人馬座的人不相稱的對象：

・雙魚座：人馬是個積極的行動者，爆發力強，對於做事始終無法落實，那種夢幻型、空洞而不切實際的雙魚，終於會因性格差異太大，並厭惡爲情煩惱而濫情的性格而分離。

・雙子座：成熟而智慧型的人馬，無時無刻不在提昇心靈，因此對於雙子「有小腦而沒有大腦」的幼稚言行、舉止和生活態度，感到膚淺和瘋狂，最後可能弄到分離的局面。

・室女座：慷慨大方、豁然大度，有宏觀大願和雄心大志的人馬，對於謹慎小心，瑣碎挑剔，有完美主義傾向的室女座，會感到過於細膩嚴格而感不耐，結果會被束縛感所苦惱。

人馬座喜歡海闊天空，悠游自在，不想受到任何約束，經常國內外走動，「行萬里路、讀萬卷書」，是他的人生目標，所以凡是讓他無法自由自在的完成理想的人，都是不利婚姻的因素。和上述三個星座的人結合，很少是幸福的，而且與孩子們同遭悲慘命運的例子相當多。

摩羯座相稱和不相稱的對象

摩羯座的男性感情深沈，很少外露，不會輕易相信女性的情感，總是懷疑那份情感裡面眞實的份量，沒有多少女性能輕而易舉地打開他的愛之門。

但如果他在深深愛上了一個女性之後，那深藏不露的愛便會變成歷久不衰的激情，他臉上輕鬆的笑容僅屬於他的愛人或者知己。

有了家庭之後，雖然他仍然把大部份的精力和時間放在工作上，但他的親人完全可以信賴他，他非常清楚自己的責任和義務，並付諸行動。

他需要一個溫順、嫻雅、理解他沈默寡言性格的女性做他的妻子，而出生在巨蟹座的女性無疑會帶給他所需要的溫情和關懷；而要一個互相尊重、和諧如意的家庭，他則可以找室女座的女性做配偶；當然，摩羯座的女性將和他情投意合，若能生活在一起，他會感到很如意、很滿足。

和摩羯座的人相稱的對象：

・摩羯座：有著和摩羯座同樣堅忍不拔和困苦努力成功的人，必能相互合作，是適合的伴侶。

・室女座：溫柔體貼、富同情心，又刻苦耐勞、勤奮工作的室女座，是摩羯的最佳伴侶。

・金牛座：懂得存錢賺錢的的金牛，和殷實可靠、勤簡樸實的摩羯，必定是相稱的對象。

只要是和這三個星座的人結婚，就可以維持夫妻間的愛情到老，而且能得到幸福。

和摩羯座的人不相稱的對象：

・白羊座：純眞率直、衝動蠻幹，在摩羯座看來，顯得頑固而無法忍受，可能會招致日後的爭吵和整個家庭生活的不和諧。熱情有勁的白羊，會對固執冷漠的摩羯感到不悅。

・巨蟹座：敏感多變、情緒不穩的巨蟹，在摩羯看來，會使他感到見異思遷和不誠實，最後就會招致感情分裂的結果。而善變的巨蟹，對於固執不知變通的摩羯座，甚爲感冒。

・天秤座：優柔寡斷，猶豫不決，喜歡不勞而獲的天秤座，和固執、堅持、有耐心的摩羯，相較之下，在言行、思想和生活方針顯然不同，因此容易發生爭執，終有分離的一天。

寶瓶座相稱和不相稱的對象

寶瓶座的人在愛情方面是頗爲謹愼的，很容易交上異性朋友，那會和他們相處得十分融洽，但這並不表示寶瓶的人對他們的「追求」完全接納。

寶瓶座的人對於異性朋友的選擇是十分小心和認眞的，總喜歡從一大堆有資格者當中千挑萬選，選出一個最稱心滿意的。假如在他們之中，沒有一個能夠令他垂青，他寧可一個也不要，也不會選出一些只做爲臨時性的異性朋友，然後再圖打算。

他喜愛的對象最好是有藝術細胞、幽默和機靈的，更喜歡有修養的人，書卷氣愈重的愈能吸引他。

寶瓶座是一個風象星座，所以天秤座、雙子座或同是寶瓶座的異性，和他都會有著十分良好的和諧性。

雖然寶瓶座的對象是個很優秀的人，但如果婚姻中需要對伴侶的一舉一動都非常注意，那就不能過著快樂的生活了。幸福的婚姻需要「寬大」，對伴侶的私生活同樣要寬大、容忍和體諒，而對自己的私生活要嚴謹，才會有眞正的幸福。

和寶瓶座的人相稱的對象：

・雙子座：具有融通性、可變性的雙子，是個可共同快樂生活，又尊重個人自由的對象。

・天秤座：懂得平衡和諧的相處之道，並能尊重對方，讓彼此都能保持愛的均衡與快樂。

・寶瓶座：具洞察力，談話風趣的寶瓶座，懂得將自由和尊重融入婚姻中，必能得到幸福。

只要是和這三個星座的人結婚，就可以維持夫妻間的愛情到老，而且能得到幸福。

和寶瓶座的人不相稱的對象：

・金牛座：固執難以溝通的金牛座，和叛逆怪異，作事不按牌理的寶瓶座，只是覺得寶瓶座是個任性而難以理解的人，雙方很難達到互敬互諒、相互尊重的地步，久而久之必心生厭煩。

・獅子座：浪慢多情的獅子座，雖然家庭仍能相處融洽，但也顯現霸氣的一面。而獨立自主的寶瓶座，不喜歡被人掌控，兩者愛情觀不同而使生活的步調紊亂，容易招致分裂危機。

・天蝎座：堅持不肯妥協，有洞徹能力的天蝎座，能掌控一切，但仍然不放心配偶，疑心重，容易在婚姻中造成陰影，兩者是不適當的組合關係，會變成暗鬥、不和的局面。

雙魚座相稱和不相稱的對象

支配雙魚座的是「海神」納布頓；雙魚座的愛，是承受了納布頓寬大的「包容力」和無盡的「神秘性」。

雙魚座有時喜歡甜言蜜語或表現溫柔嬌媚，但仍然具有很好的魅力和強烈的吸引力。雙魚座具有「靈與肉」雙重特質，富於靈性和性慾兩種不同表現，在明亮的瞳孔下，更有著迷人的笑容。

然而，陰性、被動的雙魚座人，不會強烈的去追求肉慾的快感，卻會被動地等待別人的追求，也會運用迷人的笑容和甜美的臉蛋，來吸引異性去接近他。

如果傾聽他的談話、協助他工作或指導他功課時，將會自然地被他的魅力吸引；換言之，他是個戀愛高手。

雙魚座人是個多情種，經常是「來者不拒」，凡是對接近的異性都會保持親密的關係。因此，容易引起無謂的困擾而受人排斥，認爲他是個「濫情」的人。

雙魚座的人喜歡永遠處在新婚時期的生活夢幻中，所以必須選一個在日常生活上，能夠互通「愛的語言」的伴侶。

和雙魚座的人相稱的對象：

・巨蟹座：有福的雙魚，會有很好的對象，巨蟹能製造富於變化的家庭氣氛，最爲理想。

・天蝎座：天蝎座能將愛情與生活結合，並長久保持這種關係，頗合雙魚心，是良好結合。

・雙魚座：同屬雙魚，具有犧牲、奉獻的精神，也是懂得感恩，並且是能同甘共苦的好對象。

和雙魚座的人不相稱的對象：

・雙子座：風象的雙子，活潑開朗，對愛情不夠專一，常以外在表象和數字來分析感情；而多情浪漫的雙魚，會用最深刻的感情，全心全意的完全奉獻，兩者是很難結合的。

・室女座：精明謹慎的室女座，對愛情是步步爲營，不敢輕易踏入一步的，而浪漫深情、羅曼蒂克的雙魚座，對所有追求他的人，都能應付得當，兩者愛情觀格格不入，很難相容。

・人馬座：樂觀進取，開朗自信的人馬，對愛是保持交往而不願深入的；而對雙魚座的分裂及多重性格，會因過度瞭解而不敢交往，容易過著毫無趣味、沒有歡樂的感情生活。

十二星座的「桃花」與「婚外情」

· 星座上的行星與婚姻
· 星座中的桃花
· 十二星座桃花運
· 星盤中的感情或婚姻關係
· 傾向「離婚」或「雙妻命」的命格
· 外遇排行榜
· 桃花、外遇和離婚的關係

7

從個人星盤中也可以找到桃花，當然包括感情、戀愛、婚姻等關係。只要找到下列一些法則，就能瞭解自己或別人的感情世界。

星座上的行星與婚姻

比較兩個人的星盤前，必須先分別研究兩人的星盤，以瞭解雙方的命運走勢，接著再探討行星的位置。請讀者注意，千萬不要單獨評估某運道，以免偏差，只有通盤考量整個星盤，才能得到正確的結果。

由筆者研究的二千五百個婚姻案例當中，發現太陽的位置相當重要，但是判定一樁婚姻的前途，還必須考慮星盤上的其他因素。

太陽在黃道星座上，關係著一個人的靈魂。太陽的符號⊙，中間的一點代表靈魂，圓圈代表包圍著靈魂的身體，所以太陽代表靈魂與身體、乾淨的靈魂與乾淨的身體。

太陽代表男性而月亮代表女性。所以太陽氣勢強，表示男性特質強，男子成爲雄糾糾、氣昂昂的大丈夫，女子則變成男人婆。太陽的位置常能告訴我們：婚姻中誰佔了上風。

月亮代表消極、柔弱、不完滿、個人、善變、精神的。在女性星盤上，月亮代表自己；在男子星盤上，月亮代表「她」。月亮與女人的生殖系統有關，關係著男女兩性的感情與精神特質。

命宮更關係著一個人的個性與環境，對婚姻的影響很大。命宮也代表孩子脫離母體，開始呼吸，成爲獨立個體的開始，對身心與相貌而言，這是關鍵性的一刻。訓練有素的星象學家能從命宮的位置，推斷當事人的形相與個性。星象家史華伯曾做過這方面的試驗，準確率高達73％。不過命宮上氣勢強的行星，也會改變人的外貌，尤其出生時在命宮附近的木星、火星或土星，影響更大。因此我們不要只評估命宮度，應該考慮整張星盤，才能對當事人有通盤的瞭解。

金星表示愛與性生活的關係，所以身體的腺體受金星的影響，尤其是性器官。金星運道好，性生活和諧。運道不好，性生活不和諧或性器官出毛病。金星也與美感有關，從金星的位置可以判斷一個人是具有美感或者是傾向肉慾。金星的落點比較不重要，重要的是金星與其他行星的關係。

火星表示意志力、生育力與性愛。火星也代表領導慾或適應力，由它的相位可以觀察男女雙方在意志方面相互影響的程度。筆者再強調一次，火星在黃道帶上的位置不是唯一具有影響力的因素，火星與其它行星的運道同樣重要。火星和月亮三合，表示意念和諧，火星與土星或天王星相刑，表示行爲激烈。火星與金星吉相，表示性生活和諧，而火星與金星成凶相，很容易造成性生活過度或不正常。

星座中的桃花

女性想找對象，必須要參考太陽、月亮的星座，以及後天宮位與各星的感應：

・太陽和水星會合或有相位，則夫君是個有文秀之氣的「白面書生」。
・太陽和金星會合或有相位，則夫君是個年輕俊秀的「多金小開」。
・太陽和火星會合或有相位，則夫君是個年紀稍輕的「小丈夫」。
・太陽和木星會合或有相位，則夫君是個事業有成，而且年紀稍長的「中年人」。
・太陽和土星會合或有相位，則夫君是個晚年成就，而且年長許多的「老夫子」。
・太陽和天王星會合或有相位，則夫君是個年輕俊帥的「天才帥哥」。
・太陽和海王星會合或有相位，則夫君是個多情卻無情的「情場玩家」。

・太陽和冥王星會合或有相位，則夫君是個有錢有勢的「商場贏家」。

還要注意金星所在宮位：

・金星或月亮在第三兄弟宮，則須在親戚、鄰居、同學中去找尋，或在國內旅遊、經媒人介紹，才易交「桃花」。

・金星或月亮在第五戀愛宮，則須在公共場合，如舞會中去碰「桃花」。

・金星或月亮在第六工作宮，則須在辦公室等工作場所中去找「桃花」。

・金星或月亮在第九遷移宮，則須在國外旅遊或直接到國外去覓「桃花」。

・金星或月亮在第十一社會宮，則須在學會、社團、黨團或各種集會中去尋「桃花」。

・金星或月亮在第十二相貌宮，則須找尋家庭破裂或婚姻毀滅的對象，否則，只能活在見不得光或見光死的感情或婚姻當中。

還要注意個人星盤流年或流月變化，如果：

・正桃花：太陽、月亮、金星、火星及木星，在流年、流月時間進入第四宮田宅宮、第七宮夫妻宮、則是走「正桃花」，則婚姻有成。

・偏桃花：如果太陽、月亮、金星、火星及木星等桃花星，在流年、流月時間進入第五宮戀愛宮、第八宮性愛宮或第十二宮祕密宮時，則必走「偏桃花」，易有外遇、秘密戀情或金屋藏嬌情事；當然也可能成爲試婚、同居等先居後婚的狀況。

・濫桃花：星盤中雙魚座強勢，或太陽、月亮，與海王星會合或其他感應，不論吉凶相位，都有許多桃花情結；多情、濫情和「泛愛眾生」，尤其是濫愛異性的結果，造成許多家庭問題，成爲嚴重的社會問題。

・桃花煞：也稱「桃花劫」，星盤中天蠍座強勢，或太陽、月亮，與冥王星會合或其他感應，不論吉凶相位，都有許多嚴重的桃花情結；不僅多情、濫情，尤其到了深情而不可自拔的地步，所謂「愛得深是一種病態，病態嚴重的就是毀滅與死亡」。經常造成男女雙方的同時毀滅，或先後毀滅；另外，也可能是單方面的生離死別，也造成另一方面的終身遺憾和滿心愧疚。

十二星座桃花運

以下就十二星座的桃花運勢做分析。

白羊座對感情和桃花的態度

個性衝動、魯莽的白羊座，經常是個「感情殺手」，因爲他們的個性強烈，有暴力傾向，對於解決不了的問題，他們不會浪費唇舌，而以拳頭來解決，因而造成感情方面的衝突或暴力，這是情侶分手和夫妻離婚的重要原因之一。白羊座對桃花是主動的、積極的、強烈的和具有侵犯性的。

白羊座面對桃花或外遇的處理

因爲他們的性慾很強，需求次數亦多，如果在和伴侶或夫妻關係上不能滿足他們，最容易造成桃花外遇和婚姻危機。面對桃花或外遇，他會用較爲開朗和健康的態度去面對，並經常公開炫耀自己的魅力，認爲「三妻四妾」是風流而不是下流。黃義交就是這種桃花典型，他的火星、金星在白羊座會合，刑傷月亮，被雜誌形容爲「台灣第一猛男」實不爲過，對自己的感情和婚姻也十分不利。

金牛座對感情和桃花的態度

古代認爲金牛座是個「大桃花宮」，事實上，這種說法半對半錯。好的方面來說，金牛座對感情、愛情、婚姻、家庭都十分忠誠，即使愛喝花酒，只談風月，逢場作戲，不會認眞，可算是個「好好先生」，女性可說是個「賢妻良母」，對於五代同堂的家庭也能應付得宜，家庭和樂。

但是金牛座的家庭，一定要注意的是，要保持固定的職業收入、事業收益或豐足的錢財。愛好享樂、物慾深重的金牛座，在「忠誠」的背後是以金錢和物質爲基礎的，如果沒有錢財來安定內心，則在「床頭金盡」之後就會一走了之，他們在貪圖榮華富貴、享樂和感官主義的激盪之下，最容易造成桃花和外遇。

金牛座面對桃花或外遇的處理

受到天蝎座的吸引和激盪，金牛座強烈的人，一生只要遇到比現在有錢有勢的對象，容易受到誘惑或因此受騙，或吸引一些情慾深重的異性，在情慾衝動下會做出許多逾越道德或法律的事情，如果自己把持不住，最容易造成桃花和外遇，內在潛意識中的貪慾即刻爆發。

例如柯林頓的月亮在金牛，吸引了陸文斯姬這個貪婪、貪慾的女性；又如黃義交的木星在金牛，也會在感情選擇下追求有錢的對象。在未來如果遇到更有錢的異性或現在的伴侶破產時而沒有分手，必須通過這層考驗，才能長長久久。

雙子座對感情和桃花的態度

頭腦靈活、記憶力佳，又善於欺騙，能哄得伴侶團團轉，而不容易穿幫。他們經常藉著出差、加班、訪友的機會，外遇不斷，回家後又能應變如常，不易有破綻，是這一個不負責任的「大桃花格」。

雙子座容易受到社會不良風氣的引誘，也會受到豬朋狗友的影響或慫恿而桃花不斷，也會飽嚐甜頭後，和朋友一起瘋，甚至做起「淫媒」生意。桃花和外遇被視爲家常便飯，並不引以爲恥。

雙子座面對桃花或外遇的處理

桃花氣最強的就屬雙子座了，聰明善變的「孫行者」，喜歡交朋友，走到那裡都會有豔遇，不論是主動或被動，都無法逃脫「桃花」的事實，常被稱爲「桃花教主」，到處留情，卻最無情。

離婚率第四是雙子座：對感情和家庭缺乏貫徹始終的精神，男性自認風流瀟灑，女性最愛賣弄風情，到處留情，卻又無眞情，而且愛說謊、喜新厭舊，是最善變的「風流才子」。

巨蟹座對感情和桃花的態度

巨蟹座個性保守、內斂、矜持，他們是道德感深重，而且戀舊愛家的人。男性是孝順的人，女性是賢慧的人，對於感情忠誠，而且愛家、愛小孩。由於傳統保守的本性，他們不容易被外力所影響，更不會被甜言蜜語或錢財、權勢所左右。

巨蟹座面對桃花或外遇的處理

即使有感情的衝動或受到誘惑，也會適可而止，不致造成嚴重後果，因為他們會以家庭和小孩為重，一生有桃花戀情，但不會因桃花外遇而離婚。

獅子座對感情和桃花的態度

古代認為獅子座是個大桃花宮，事實上，他們天眞可愛、愛玩愛現，而且常存稚子之心，喜歡在異性面前表現長者的威嚴。對待伴侶好像對待寵物般的愛護照顧，雖有桃花之名，其實只是個空心老倌。

他們愛慕虛榮、貪圖富貴、喜愛吃喝玩樂，喜歡攀龍附鳳，也總想一步登天，是個自命風流倜儻的「花花公子」，情緣眾多卻不專情。

獅子座面對桃花或外遇的處理

雖然愛玩，喜歡酒色財氣，但是光明磊落。婚前雖然較爲桃花，好像帝王一般，或擺出花花公子和富貴千金的姿態，但他們認爲伴侶是他的「寵物」和「至愛」，所以會善盡保護之責。

婚後對家庭和伴侶的責任心會變得很強，偶爾也會犯些桃花，但也會公開的向「愛人」道歉，但這些多不爲「另一半」接受，容易造成衝突，因爲氣勢和姿態擺得很高，又不願低聲下氣向對方道歉，可能會在一時之氣時，而隨意簽下離婚協議而告分離，殊爲可惜。

室女座對感情和桃花的態度

室女座也算是個「桃花宮」，不論處子或在室男，終有偷嚐禁果或結婚的一天，經過性愛洗禮後容易變成縱慾，成爲花癡或花蝴蝶，一生爲情苦惱，如果受騙，易有輕生念頭，成爲自虐、被虐或虐待狂。

室女座面對桃花或外遇的處理

表面看來，保守固執而物質傾向較強的室女座，受到雙魚座的衝擊，如果沒有忙碌的工作來消磨時間，或者有很好的心靈修養或提昇，會變得和雙魚座一樣的貪婪和依賴，會找尋有錢的人來安定內心，也容易造成桃花。

天秤座對感情和桃花的態度

因害怕寂寞，所以最愛找伴、相陪，他們就是慵懶、依賴性強的天秤座。喜歡不勞而獲，錢與情並重，同性和異性伴侶都很多，不過，如果他是爲了追求眞愛與性愛的緣故，倒可以說是有情有義，但事實上卻並不是如此。

他們的情慾不強，但是對方如果有錢，則性慾立刻會變得很強。也就是說，他們的情慾是隨著現實利益而起伏變化的。這種人雖然沒有雙魚座那種「妖精鬼怪」的特質，但也和雙魚座一樣，是個「黏人族」，最容易造成「外遇」或成爲「第三者」。

天秤座面對桃花或外遇的處理

他們專找有錢、有勢的伴侶，而且一個勝過一個。他們想往高處爬，希望能一步登天，所以會使盡魅功來吸引異性。格局差的，必是愛情下的犧牲者，經常人財兩失；而格局好的，必能達到目的。他們的錢財經常是見不得光的，周遭的人也不清楚他們的鉅額財產是從哪裡來的，他對自身錢財的多寡與來源是絕口不提的。這就是天秤座比雙魚座厲害、精明的地方。

天秤座也算是個「桃花宮」，秤不離鉈，他離不開伴侶；因爲他最怕寂寞、孤單，因此最喜歡找伴侶。愛、美與錢，是他的生命和全部，對情愛和金錢的追求是積極而主動的，家庭和子女則是他的負擔。

離婚率最高的是天秤座，因爲他愛錢、愛虛榮，喜歡追求享樂，不勞而獲，而且夢想一步登天。但是他們懶散、懦弱的性格，不但沒有本事而且見錢眼開，再加上喜歡奪人所愛、無法長久的忠於感情和家庭，因此最容易出軌。

天蝎座對感情和桃花的態度

天蠍座也是古代認爲的「大桃花宮」，事實上，天蠍座對感情、愛情、家庭是忠貞不二的。雖然疑心重、嫉妒心強，但不會朝三暮四，而且確認「生爲張家人，死爲張家鬼」的信條，遵從「三從四德」，夫亡會終身守寡，而且絕無怨言。

雖有少數可能無法長期堅守，但多能將感情壓抑或加以提升，全心培育下一代，這種移情作用，是一項偉大的情操，實在無法列入「桃花一族」。

天蠍座面對桃花或外遇的處理

離婚率第三的就是天蠍座，不是因爲外遇或桃花，而是堅持不妥協的性格，自己不肯改變，卻想強制改變對方，最易造成衝突與不和，最後的結局就是「生離死別」。

人馬座對感情和桃花的態度

人馬座也是個「大桃花宮」，和雙子座一般「桃花滿天飛」，他只要出國到哪裡，就桃花到哪裡；也是個不善於處理感情、家庭、子女問題的人，喜歡過單身生活，即使結婚，依然我行我素，外遇不斷。

人馬座面對桃花或外遇的處理

人馬座的桃花，最容易造成感情破裂和夫妻分手，他不願爲家庭、責任而付出，又不善處理感情和家庭問題，經常不在家，容易造成家庭問題。

摩羯座對感情和桃花的態度

消極內向型的摩羯，把責任和義務都擺在第一位，認爲一個人應該克盡職責，用毅力和耐心完成目標。他們對感情和家庭都一樣忠誠信實，是個可以依靠的人，一生過著儉樸而單調的生活，不會隨意對異性放電，也不願花錢去找桃花。

他們追求安於平凡的伴侶，摩羯座男人喜歡實際、節儉、顧家的太太，不追求時髦；女性則是個很實際的家庭主婦，喜歡丈夫多留在家裡。他們忠於感情，而且希望伴侶只屬於自己一個人，也會做到不背叛家人，雖然他們不會輕易忘記另一半不忠的行爲，但也會付出最大的愛心去包容，並且原諒對方。

摩羯座面對桃花或外遇的處理

會努力一生來追求成就、榮譽與地位的摩羯座，雖然頗有魅力，但不會、也不想犯桃花色戒，隨時信守非禮「勿視、勿聽、勿言、勿動」的四不最高原則，對於外來的桃花會嚴辭拒絕，在桃花運上，摩羯座是最敢說NO的一個星座，所以不容易沾上「桃花氣」。

寶瓶座對感情和桃花的態度

寶瓶座也是古代認爲的「大桃花宮」，事實上並非如此。他們擁有中性性格，不知愛情爲何物，對異性猶如同性，甚至不屑一顧，是個不婚族、晚婚族或同志族。即使結婚，「一家兩制」，安枕無憂，更不會搞七捻三。

寶瓶座面對桃花或外遇的處理

寶瓶座對於桃花的態度是開朗和瀟灑的，不會爲衝動和貪慾而桃花，因爲他們經常在公眾出沒的場所，如社團、黨團、工會、商會、學會、社區、夜總會、俱樂部等地，和一群志同道合的人在一起，也因此容易有情投意合的對象或傾慕的人，造成感情運和桃花運勢很強，但多止於禮而不致有濫情之虞，也和結婚沒有多大關聯，因爲他們是個中性和單身主義的人。

雙魚座對感情和桃花的態度

多情、浪漫，喜歡陶醉在幻夢和愛情中，是最桃花和濫情的宮。這種人情慾深重，善於欺騙，是玩弄感情的「愛情騙子」，只要被他盯上的對象，會想盡辦法得到手，一生中妻妾成群，外遇最多，雖然異性緣重，但都捨不得分開，享盡人間豔福，沈醉齊人與帝王之福，不過離婚率卻是最低的。

強勢的雙魚座，當碰到婚姻瓶頸時，不是逃避，就是加倍施展騙術和柔功，哄得對方心軟而一拖再拖不忍離婚，甚至用大把鈔票塞住對方的嘴，看在錢的份上，對方也只得抱著錢做白日夢，繼續地忍耐下去。

而弱勢的雙魚座，因爲軟弱無能，沒有謀生賺錢能力，不喜歡和人爭，聽任對方一屋多妻，也會爲對方犧牲奉獻毫無怨言，即使被騙到死，他們也心甘情願。

雙魚座是個現代的「桃花宮」，他是泛愛眾生的「大情聖」，天下的異性都可能成爲他的外遇對象，容易自欺欺人，因爲多情、濫情，所以反被情誤，是個眞正玩世不恭，騙盡天下的愛情騙子，也可能爲愛殉情。

雙魚座面對桃花或外遇的處理

雙魚座強勢的人，爲何多情、濫情，因爲他或她還停留在前世的記憶中，也許是投錯胎來到了現世，偷跑到地球上來，月老也無法爲他們配對。事實上，在現世生活中沒有正常的感情和婚姻，一生沒有屬於他們的家。這些雙魚座的人，呈現兩種極端：

女性雙魚座，多半會迷失自己，喜歡搞不正常關係，專愛「偷情」，愛來愛去，始終都是愛上不該愛的人，總是想找個可靠的飯碗。表現出「妖精本色」，迷惑已婚的男人，並和他人或多人共享一個丈夫，這種嚴重的偷情情節，使她成爲世人唾棄的「第三者」。格局強勢的則是迷惑蒼生的「妖精」，格局弱勢的則像被人踐踏的「小雛妓」。

男性雙魚座，在婚前是最甜蜜的、最可愛的，但是婚後卻是一個「濫桃花格」。是個愛偷腥的「大饞貓」，專門施展魅功，引誘欺騙和他一樣多情的異性，玩弄懵懂純情的女性，喜歡三妻四妾、左擁右抱，卻身在福中依然不知足，並不斷找尋新的目標下手。

雙魚座這種濫情，不是「性癖」一辭可以正確解釋的，應該說這是一群淫亂天下的「淫魔」或是「妖精」。一生爲情煩惱、爲愛犧牲，不但攪亂世道，而且破壞他人家庭仍然振振有辭，滿嘴謊言騙盡天下人，始終幹一些見不得光或「見光死」的「亂愛」或偷情勾當。

從好的一面看，唯一可以解釋的是：這些雙魚座是上天派到人間來的使者，結婚也只不過是將戶籍寄在某個家庭之中，卻天天不在家，難得回家一趟。他們都會「照顧」數個、數十、甚至數百千萬個異性或缺乏愛的家庭，每天關愛不同的伴侶，他們的職責就是要照顧一些感情錯雜或沒有正常婚姻的人，所以才會「外遇」、「偷情」不斷。

這些偷跑來地球的雙魚座，經常做出違背倫常的事情，如果愛上一個喜歡的人，他會認爲是前世的冤孽債，必須還報，會愈陷愈深，不可自拔，若得不到這份愛，就會以殉情了結生命，留下一堆疑問和親人的傷痛，在他而言，也算是一種解脫。

星盤中的感情或婚姻關係

個人星盤中和感情或婚姻有關的感應，必須就整體星盤來查考。

情感與家庭

・巨蟹座、第四宮的星或宮主星、月亮相位：表示內在情緒的一面，如擔憂、安全、自衛等。

・金牛座、第二宮的星或宮主星、金星相位：表示正面、積極、緊張生活的另一面，如讓人感受輕鬆、休閒、愉悅、美感的一面。

・水象宮的感應，如巨蟹座、天蠍座、雙魚座中的各星，都和情緒有關。

與他人關係—親情、感情、愛情、婚姻、合夥、合作等

・雙子座、第三宮的星或宮主星、水星相位：表示親戚、朋友、鄰居等人際關係。

・巨蟹座、第四宮的星或宮主星、月亮相位：表示家族、母親、家人、女性、故舊等人際關係。

・獅子座、第五宮的星或宮主星、太陽相位：可看出戀愛關係、情感的品質等。

・天秤座、第七宮（下降星座）的星或宮主星、金星的相位：可看出合作、合夥、同居與婚姻關係。

・摩羯座、第十宮的星或宮主星、土星相位：可看出在團體中或一般生活裡與人相識的狀況。

・白羊座、第一宮的星或宮主星、火星相位：可看出個人的社交活力。

・水象宮的感應，如巨蟹座、天蝎座、雙魚座中的各星，都和感情有關。

家族關係

・太陽、土星：主父親、叔伯輩份親長。

・月亮：主祖母、母親、母姨輩份、子女（指女兒）。

・雙子座、水星相位、第三宮行星或宮主星：主兄弟手足、親戚關係。

・巨蟹座、月亮相位、第四宮行星或宮主星：主家族親長、家庭成員等。

・獅子座、太陽相位、第五宮行星或宮主星：主祖父、父親、子女（指兒子）等。

・天秤座、金星相位、第七宮行星或宮主星：主同居、夫妻關係及直系親屬等。

・摩羯座、土星相位、第十宮行星或宮主星：主父親、男性、長輩、母親、女性等。

傾向「離婚」或「雙妻命」的命格

據行政院主計處統計，台灣地區離婚案件逐年增加，光是一九九三年離婚的怨偶，即高達二萬九千一百九十一對，離婚率六年來總計增加26%。法院判決離婚的案件，六成是由女性主動提出要求。顯示現代女性獨立、自主，寧爲玉碎，不願瓦全的婚姻觀。

高離婚率是個問題，而不婚、找不到配偶與外遇的普遍現象，亦相當令人憂心。筆者於一九九七年底「命理博覽會」的星象學心理諮詢驗證中，也同樣得到令人驚訝的結果—現代婚姻，危機四伏。

就命理而言，離婚者未必會再婚，因此並不等於雙妻命，但「雙妻」命的人，則必定曾是在婚姻上破裂過一次。星象學上的「雙妻命」，包括離婚後再婚、兩次長時間同居、外遇、金屋藏嬌、破鏡重圓、齊人之福、結婚三次以上、牛郎從良、除正妻外再娶鬼妻等多種情況，現在還包括兩岸兩妻，皆屬之。

獅子座與太陽相同，代表威嚴、父親與丈夫等。巨蟹座與月亮同義，表示家庭、親情、母親、妻子等。如果日、月遇到刑沖凶相位時，多主個性不良、父母不合、家庭離散等等不良感應。一般而言，個人星盤出現下列情況者，較易傾向「離婚」或「雙妻命」。

1.在星盤中，太陽、月亮在天蝎座、寶瓶座；冥王星在巨蟹座、獅子座；或太陽、月亮與冥王星有凶相位等情形時，表示感情、心靈或家庭關係上易走極端，常因堅持而不肯妥協，故與父親、夫君無緣，婚前不易找到配偶，婚後也有生離死別，即使不離，夫妻亦同床異夢、相對無言。

2.上昇星座（命宮）在寶瓶座與人馬座；或寶瓶座、人馬座中有太陽、月亮、水星、金星；或天王星與冥王星與太陽、月亮有相位時，表示追求獨立與自由，不喜歡受到法律、責任、義務與家庭等的壓迫與限制，多有獨身想法，不喜歡有親密接觸，對異性保持平行線的關係，婚前不願結婚，婚後也易離婚，即使不離，夫妻亦會分房、分居，彼此思想與行為亦相互悖逆。

3.天王星在巨蟹座，約民國三十八年至四十四年出生者，婚姻大多破裂、分居、個人移民國外。

4.天王星、冥王星在第四宮（田宅宮）或第七宮（夫妻宮）時，婚姻亦多不保。

5.第十二宮有太陽、月亮、火星、金星等，不論男女，多有外遇，男性則易金屋藏嬌，女性多為「黑市夫人」。

6.天秤座等同先天夫妻宮，若天王星在天秤座（一九六八—一九七四年出生），或冥王星在天秤座（一九七一—一九八三出生）的人，因為在婚姻關係上會有徹底的革命性劇變，故有不婚與離婚的強烈感應，甚至根本無法找到適合的配偶。

7.太陽與月亮成直角相刑凶相時，即在農曆上弦（初七、八）、下弦（廿二、三）日出生的人，通常代表受孕時，父母感情上有強烈衝突，亦顯示出子女與父母不合、自己的性格不良、夫妻性格亦尖銳衝突，幾乎全部都會以離婚收場。故知父母若想生育正常與美麗的兒女，必須要懂得陽剛陰柔、夫唱婦隨之道，更要相互信任與尊重。

以上這些造成不婚、離婚的原因，由星象學上可一眼洞穿，絲毫無法隱藏。所謂「雙妻命」，還需要配合其他星象狀況，才能論定。

自從一九八三年冥王星進入天蠍座，造成同性戀與愛滋病的流行，而一九八八年後，土、天王、海王星會合在摩羯座，因政治、經濟、社會、家庭上的動盪，形成不婚與離婚等婚姻觀的劇變，且不願生育子女，未來將演變成嚴重的老年化社會問題，值得社會、心理學者與政府部門重視，並採取因應對策。

外遇排行榜

一般人甚至所有占星家，皆由太陽、月亮、金星來查看一個人的感情運或外遇情形，但這樣仍是不夠的。事實上，只有上昇星座（命宮）以及後天十二宮，才能知道一個人的價値觀、戀愛觀、性愛觀，由戀愛宮、夫妻宮、偷情宮中才能查知「外遇」的情況。

古代認識的桃花

自古以來，中國認爲子、午、卯、酉四宮爲「桃花宮」，相對於現代星座爲金牛、獅子、天蝎、寶瓶四個星座。但實際上，這四個「固定星座」並非眞正的「桃花宮」。

・金牛座：對感情、愛情、婚姻、家庭都十分忠誠，即使愛喝花酒，只談風月，逢場作戲，不會認眞，可算是個「好好先生」。

・獅子座：天眞可愛、愛玩愛現，常存稚子之心，喜歡在異性面前表現長者的威嚴，對待伴侶好像對待寵物般的愛護照顧，雖有桃花之名，但只是個空心老倌。

・天蝎座：對感情、愛情、家庭是忠貞不二的，雖然疑心重、嫉妒心強，但不會朝三暮四，實在無法列入「桃花一族」。

・寶瓶座：中性的性格，不知愛情爲何物，對異性猶如同性，甚至不屑一顧，是個不婚族、晚婚族或同志族。即使結婚，「一家兩制」，安枕無憂，更不會搞七捻三。

現代顯示的桃花

現代對於桃花的觀念實在需要調整一下，事實上，眞正的「桃花宮」，應該是屬於四個「變動星座」，還有一個風象宮「天秤座」。

・雙子座：聰明善變的「孫行者」，喜歡交朋友，走到哪裡都會有豔遇，不論是主動或被動，都無法逃脫「桃花」的事實，常被稱爲「桃花教主」，到處留情，卻最無情。

・室女座：不論處子或在室男，終有偷嚐禁果或結婚的一天，經過性愛洗禮後容易變成縱情縱慾或「花癡」，爲情苦惱，如果受騙，易有輕生念頭，成爲自虐、被虐或虐待狂。

・人馬座：和雙子座一般「桃花滿天飛」，出國到哪裡就桃花到哪裡；也是個不善於處理感情、家庭、子女問題的人，喜歡過單身生活，即使結婚，依然我行我素，外遇不斷。

・雙魚座：是泛愛眾生的「大情聖」，天下的異性都可能成爲他的外遇對象，容易自欺欺人，多情濫情反被情誤，是個眞正玩世不恭，騙盡天下的愛情騙子，也可能爲愛殉情。

・天秤座：秤不離鉈，他離不開伴侶；因爲他最怕寂寞、孤單，最喜歡找伴。愛、美與錢是他的生命和全部，對情愛和金錢的追求是積極而主動的，家庭和子女是他的負擔。

「離婚」的高危險群

根據星象學上的學理、統計和分析，對「離婚」所得到的結果是：

1. 離婚率最高的是天秤座：因爲他愛錢、愛虛榮，喜歡追求享樂，不勞而獲，夢想一步登天，但是懶散、懦弱的性格，沒有本事卻見錢眼開，又喜歡奪人所愛，無法長久的忠於感情和家庭，最容易出軌。

2.其次是人馬座：他不願爲家庭、責任而付出，又不善處理感情和家庭問題，經常不在家，容易造成家庭問題。

3.第三是天蝎座：堅持不妥協的性格，自己不肯改變，卻想強制改變對方，最易造成衝突與不和，最後的結局就是「生離死別」。

4.第四是雙子座：對感情和家庭缺乏貫徹始終精神，男性自認風流瀟灑，女性最愛賣弄風情，到處留情，卻無眞情，又愛說謊，喜新厭舊，是最善變的「風流才子」。

5.第五是獅子座：愛慕虛榮，貪圖富貴，喜愛吃喝玩樂，攀龍附鳳，總想一步登天，是個自命風流倜儻的「花花公子」，情緣眾多卻不專情。

外遇排行榜的分析

離婚的高危險群，並不等於「外遇」的高危險群，因爲離婚的理由千萬種，而不是只有「外遇」一種。不愛搞「外遇」的星座如：巨蟹座、室女座、天蝎座、摩羯座、寶瓶座。而有「外遇」情結深重的星座包含了：雙魚座、雙子座獅子座、天秤座、及白羊座，相關性格的分析，可以從前面關於十二星座對桃花和外遇的分析中得到解答。

十二星座的婚外情

婚外情不見得是萬惡不赦的大罪，情節有輕有重。有的可以原諒，有的必須要得到教訓；有的是被迫而爲，有的是桃花本性使然；有的是一時迷糊犯錯，有的是受到不可抗拒的各種社會誘因使然，下面就針對十二星座做完整一分析。

白羊座的婚外情

白羊座的感情是直接而熱情洋溢的，他有很好的賺錢能力，對於家庭也有極佳的責任感，是個很好的家庭「保護神」。

白羊座的人性慾強烈，態度積極主動，也是一個浪漫的調情聖手，但是自私的傾向也會加深，也容易導至精神上的困擾和異常。

白羊座人略帶孩子氣，尤其一切事情都不順時，這種傾向更爲明顯。雖然有時也會變得親切、溫柔而熱情，但對感情和愛情都很敏感。要避免無理的嫉妒，對愛情不要太專制，這樣愛情生活才能更和諧愉快。

白羊座的人容易吸引異性愛慕，但是自己卻不會著迷，是一種富於理智的愛。白羊座的女性外表看起來比實際年齡年輕。婚後會成爲一個年輕的賢妻，容易和家人相處，對於丈夫方面，卻想盡辦法要去控制他。

白羊座敬愛自己的親人，並希望能被親人認可你的個性。二、三十歲時，感情上會有挫折，又因爲愛好冒險，前半生的家庭生活多不太安定，到了晚年，家庭生活會趨於安定，並希望能光耀門楣。但有時在感情或性慾不滿足之下，也會發生越軌的感情，一生當中可能會有一個以上的婚外情或緋聞，但不會過於認眞而造成家庭危機。

金牛座的婚外情

金牛座可以說是一個標準的桃花星座，他喜歡享樂，情慾很重，舉凡吃喝玩樂、聲光情色，可說是樣樣精通。有人認爲金牛座是個對配偶忠誠的星座，但「忠誠」的後面是「情慾與金錢」，如果配偶有錢或有功名利祿，則另外一方必定忠於這個家、這段感情或婚姻；相對的，如果對方突然變得一窮二白、一無所有，則這段感情或婚姻就如斷線風箏一般隨風而逝，符合所謂的「床頭金盡、恩斷情絕」的名言。

金牛座的人非常熱情，有著強烈的肉慾，他（她）的性趣包括嘴唇與舌頭，是個親吻專家。他們非常喜愛接觸、撫摸、舔吮與接吻，甚至吸吮伴侶的性器官。

金牛座往往是負責進行變態性活動的主角，但是對一個善體人意的伴侶，這不是變態，只是一個令人愉快的前奏曲，可以幫助雙方達到高潮。金牛座只利用唇與舌來開啓序幕，沒有人比他（她）更熱情了。

金牛座的佔有慾非常強，一旦發現中意的對象，他將窮追不捨，眼裡除了他的愛侶外，什麼也看不見。若有人妄想破壞他，他將不惜殺害此人。一旦金牛座固定了對象，他對其他的人，一概沒有興趣。

因爲金牛座的情慾深重，喜愛風花雪月，更愛流連風月場所，因此左擁右抱是他的能事，飲酒對杯更是無人能及。多金的金牛座最具魅力，所以桃花韻事接連不斷，婚外情更是難以避免。不過，金牛座對家的忠誠，是不愛「金屋藏驕」的，較多的情況是流連聲色場所找一些「不知姓名」的女子做想做的事，不會給自己添麻煩。

這種婚外情，有些配偶可以忍受，只要每天回家吃飯、定時給家用，而且戶頭裡有七、八位數字的存款，又有一幢安定的住宅，他們就很滿足了，對於配偶的風流韻事反而會充耳不聞，因此落得輕鬆自在。也有少數的配偶，不甘配偶的不忠，誓死反抗，這種關係會很快結束，因爲金牛座這種風流本性是根深蒂固，不可動搖的。

雙子座的婚外情

雙子座男性是一個善變，適合從事腦力勞動的人。他的體質脆弱，對愛情疑慮重重。生活中他最需要的是廣大的聽眾而不是全力以赴的愛情。

雙子座男性一般不願承擔家庭生活的責任，而喜歡過「一身輕」式的單身生活。一旦結了婚，家庭將是他和朋友聚會的場所。如果他的生活是無憂無慮的，工作時間又不受約束，他將會表現模範丈夫該有的優秀品質。

他的記事本上寫滿了有用的地址與電話號碼，懂得人情世故，容易贏得別人的信任與厚愛，這一切都歸功於他的藝術家性格。

雙子座的男性擅長辭令，詼諧幽默，他的出現很快能使談話氣氛熱烈起來，與他在一起永遠不會感到寂寞。相反，離開朋友、伙伴或者頻繁的社交活動，他會感到生活惆悵若失。

雙子座最容易發生婚外情，因爲從他豐富的人際關係上看，他對感情與愛情是分不清楚的。說他無知嘛！實在不通，因爲雙子座多數是知識份子；說他故意嘛！也委實冤枉他了，因爲雙子座將所有認識的人，都當做好朋友看待。

從雙子座的職業來分析，例如：新聞記者、播音員、教師、演說家、作家、語言學家、秘書、旅行業者、司機、巡迴推銷員、商店夥計、接線生、郵局職員、水手、手工藝匠、專欄作家等等，大多都是婚外情或外遇的高危險群。

例如，許多旅行業者、旅遊車駕駛、水手等，當他們每到一地或旅遊出外，就容易和團員或在旅遊地點留下風流史，雖然不是「絕對」如此，但卻是眾所周知的「平常事」。

巨蟹座的婚外情

巨蟹座人的感情生活很豐富，屬於「輕鬆內向型」的。他們開朗、善感、想像力豐富、友善、熱情、幽默、體貼，但是多疑、憂鬱、彆扭，他們往往仗著自身的的善良來穩定婚姻。這些人傾向早婚，因爲他們嚮往愛情，喜歡扮演父母的角色。不過，卻會因爲太敏感而導致雙方不和諧，男性愛家甚於一切，女性則誠懇有愛心。

巨蟹座的人努力保持婚姻和家庭的美滿，如果他們的付出沒有得到相對的回報，他們會覺得很痛苦，但仍然奉獻犧牲自己，不到萬不得已，絕不會輕言分手。雖然，這種人很柔順，但是並非意志不堅，無論如何會想辦法完成自己的目標。

一般來說，愛家的巨蟹座是不會有婚外情的，但是並非絕對。水象星座的巨蟹，對家的照顧是無微不至，但是當情緒不穩定時，例如：面對丈夫的不忠，或對丈夫和家庭失去信心，他們的感情也會出現不穩定狀況，而可能會藉著婚外情當作發洩手段，並報復丈夫的不忠。事實上，這不是眞的陷入其中而不想回頭，目的是要挽回丈夫的心和這個摯愛的家。

另一種情況是，感情豐富的巨蟹座，當他遇上一個需要照顧的人，或缺乏母性愛的異性時，就會情不自禁的付出「母愛的關懷」，並因此陷入感情的漩渦中。此時，如果有頭腦清楚的「第三者」，適時提醒當事人，應該可以懸崖勒馬，不致深陷其中。

獅子座的婚外情

獅子座男性一向開朗，喜歡美麗、活潑型的女性，對於理性而嚴肅的人則缺乏興趣。而獅子座女性，則對於兼具魁梧而富男子漢、大丈夫的男性最感興趣。如果是懦弱而沒有擔當的美男子，也會讓她倒盡胃口。

獅子座女性，因爲獨佔慾過強，除了眞愛的人以外，對於其他的人，則經常採取不理不睬的態度。這種對愛情的執著態度，容易被人說成是「皇后命」，所以容易失去朋友或失去上司的信任而無法待在原職。

獅子座的人善於美言，喜歡甜言蜜語或餽贈高級物品給心愛的人，以表現自己的高貴，炫耀自己的財富。女性如果不察，容易被這些誇大不實的言語、引誘而貪圖男獅子人士的物質餽贈。如果又喜歡單獨一人沉緬於寂寞的回憶，明知對方並不是自己眞正心中喜愛的人，但卻輕易的被情慾蒙蔽，容易受騙，須要特別注意。

然而，獅子座的人並不是愛風流的人，尤其他表現出特有的高貴氣質時，不但極爲謹慎，且對貞節更爲重視而不致濫情。有時因爲過分的謹慎，讓眞正心愛的人走過眼前也不聞不問，甚或連看都不看一眼。

獅子座經常被人誤會是個桃花宮，認爲他是個見女人就愛的好色之人，或她是個風騷會勾引男性的妖姬。一個有魅力的人，經常能吸引許多愛慕的人，所以易被誤認是個桃花韻事不斷的人。

不過也有少數的獅子座人，卻是玩世不恭的花花公子或紈胯子弟，自以爲是「上等人」，喜歡美色，性好玩樂，又不務正業，對女性輕慢而諸多欺凌，好像帝王一般，三宮六院，不懂得尊重女性。

獅子座的霸氣，喜歡掌控伴侶，而這些伴侶或配偶也是個獨立、自主性格的人，對獅子座的配偶也會給對方相當的自由和尊重，也很少帶配偶參加各種應酬，所以造成獅子座人有很多的時間和機會在外交際應酬，飲宴玩樂，這是造成「婚外情」的主要原因。

部份的獅子座，在婚後會捻花惹草，對愛情不忠，造成世人誤認獅子座是一個桃花的星座。這些「婚外情」，多半是交往一蠍和他同樣愛玩樂的人，這當中包括了認識或不認識的異性。但事實上，獅子座對配偶仍然是相當地愛護和照顧，既不會捨棄配偶，而且多數也只是逢場作戲而已，更不會因「婚外情」而結婚。

室女座的婚外情

一般說來，室女座的人膽子較小，也懂得潔身自愛，是一位相當出色的家庭主婦，懂得如何體貼、照顧家人，使他們心情愉快、身體健康。

室女座心甘情願承擔起家庭生活的責任，但需要別人把她的辛勤努力看在眼裡，覺得她是不可缺少的。室女座能體貼的照顧親人，使他們心情愉快，身體健康。

室女座的女性與雙魚座的男性一樣，性情溫和、怯懦，感情上有相合、也有不合，他們會相處得很好，過著相敬如賓的和諧生活，精神上的契合較強；但也會在現實生活上產生無法和諧平衡的狀況，產生貌合神離的情境，導致身心俱疲，甚至離異。

室女座和金牛座的男性結合，會建立一個美滿舒適的家庭，並會有一個為他們爭光的孩子。

室女座與摩羯座的男性結婚，會同心協力為遠大的生活目標而努力，他們的幸福源於他們之間持久不變的感情。

一般人認為，室女座在感情和婚姻上，是「最乖」的一個，當然，這種說法沒錯，但這是在婚前的戀愛期間，而婚後並非完全如此。

部份室女座的人，挑剔性強，婚前對感情的忠誠是可圈可點的，多數會在婚後才眞正享受到情慾上的滿足，也因爲婚前禁慾過久，所以在婚後會完全放鬆和投入，盡情享受情慾上的滿足和激情。

室女座有犧牲奉獻的精神，她願意爲愛而犧牲，爲別人貢獻出自己的一切。一種是容易被宗教所吸引，一種是爲情慾而變得縱情、濫情，甚至變得變態或被虐待性的性慾，讓伴侶受不了，結果只有造成分離一途，或者造成一方外遇，而且外遇情節，較其他星座更爲嚴重。

變動性強的室女座，一生婚姻好像坐溜滑梯一般，會有極佳或極糟的兩種表現。婚姻有些會很快離異，而自己過著單身或孤獨的生活，也可能變得一生多婚現象，都無法滿足或適應婚姻生活。另外一種，會投入宗教、慈善、醫藥等服務的事務，從事精神生活的修養，也可能終身不婚。

天秤座的婚外情

天秤座的魅力不侷限於單性，它能同時吸引男性與女性，天秤座非常優雅，喜歡賣弄風情，但也能適可而止。

在孤獨面前，天秤座的人會陷入完全不知所措的狀態，所以他不能長時間處於孤獨之中，最需要和親朋好友保持著經常性的友誼。

天秤座的情緒或生活品質，往往都會受到愛情與婚姻的影響。他的愛情生活是美滿幸福的，特有的魅力會給他帶來所期望的一切利益。

天秤座的女性把愛情看成一樁至關重要的大事，她時常自我陶醉在自己惹人注目的魅力和溫柔的性格中，但她無疑是個理想的家庭主婦，她有能力給家庭帶來歡樂和平靜，而她的丈夫也必須對她體貼入微，不辜負她的情意才能牢牢地擁有她。

天秤座的女性要麼為愛情而生存，要麼為藝術而獻身。這取決於她的丈夫能否用永恆的溫情滋潤她那顆愛的心靈。

天秤座由金星主宰，物質化傾向非常明顯，對肉體的需求和滿足十分強烈，尤其是女性，會允許對方在性愛方面的各種動作和變化。

在十二星座中，感情運最佳的是天秤座，而離婚率最高的也是天秤座，因為感情緣佳，朋友也多，所以隨時都想找個伴，結婚後也不改其「志」，容易造成婚姻問題。

善良的天秤，總是抱著美夢而結婚，但當處於婚姻生活中時，一點的不順在他認為都是重大衝突，而自己也無法改變自己，甚至想要對方完全聽命於自己。如果不能如願，也會造成婚姻的不利。

天蠍座的婚外情

天蠍座的戀愛是以探索開始的，他具有敏銳的觀察力，因而在選擇對象時，很少有錯誤發生，諸如對方心中的善惡、地位、經濟能力，甚至於教養，以及健康等，都有正確的判斷與評價。

從而，在選擇結婚對象時，不但重視愛情，還對將來的成就和經濟狀況以高標準視之，並且具有「掠奪式」之愛，如果判斷對自己有利時，就會展開接觸動作而不會放過良機。擁有眾多財產的女婿或收入頗豐的醫師、律師等，其妻子大多是屬於天蠍座的，就是這緣故。

佔有慾強的天蠍座，是個極端的情人，不僅具有掠奪式、虐待性般強烈的愛，而且還潛伏著狂烈的嫉妒心。如果感情進展順利，得到時必會全心對待，並且無微不至的呵護著伴侶。萬一「掠奪的愛」未能成功時，勢將一躍而變爲恐怖的憎惡，「自己得不到的，任何人也都不可能得到」，甚至「得不到的就將他毀滅」。

如果婚後感覺對方不如理想，或因爲疑心對方有不忠的情勢，就容易發生問題。當然，有可能爆發報復性的婚外情，讓對方難看；或是將對方的合作對象，以及一般的朋友、公司中的上司等當成情敵，誤認是伴侶的外遇對象。這種因嫉妒而生的衝突，極爲可怕，可能會毀滅對方、誤傷好人，並可能毀滅自己，所以天蝎座的人對於感情及應付婚外情時，學習容忍、觀察、確認和寬容等態度，是必須要有的修養，如此才不致兩敗俱傷。

人馬座的婚外情

人馬座天生就有純眞、善良的本性，他們大方、開朗的氣質，如同一陣清新的風，擁有一種無法抑制的活力與一股奔向自由的激情，而這也就是人馬座女性的特質。

人馬座是個思想單純卻富靈性和智慧的人，他們愛好體育運動和休閒娛樂，是個內心充滿歡樂的「健美型美女」，她的心總是嚮往著自然，而且是被理想化了的愛情。

人馬座不但熱情，而且不求回報。雖然不專制，但渴望居領導地位。如果領導地位被否決，人馬座經常演出「婚外情」。

和人馬座男性一樣，她不願意自己受到任何感情上的約束。在度過了自由自在，無憂無慮的獨身生活之後，一但她建立自己的家庭，她將會成為一個賢妻良母與家庭生活的中流砥柱。

她需要得到別人的尊重，她的工作希望得到欣賞與嘉許，她既關心丈夫與孩子們的幸福，又懂得如何尊重他們各自的獨立性。

人馬座有高遠的人生抱負，對於婚姻的態度是消極的，更不善於處理感情和婚姻的問題，經常將感情和家庭弄得一團糟。因爲他追求的是精神和心靈的滿足，所以不是做單身貴族，就是「遲婚族」，即使結婚也多半不能適應，導致離婚率極高。

因爲人馬座經常往返國內外，將家庭、配偶、小孩丟在一邊。他們對任何人都採取信任的態度，很容易相信別人，當然包括配偶在內，也因此容易造成配偶的外遇，即使後來知道，也多會採取寬容的態度來度日。

相對的，和國外有緣的人馬座，也會因爲不耐孤寂，而產生臨時的婚外情，但不致過度認眞，而配偶也不容易發現，即使發現也難有證據而多採忍耐態度來寬容對方。

摩羯座的婚外情

摩羯座的男性很少表露自己眞正的感情，基本上是一個孤獨的人，他的生活一絲不苟，像是在高度責任感及邏輯電腦中，受到嚴格控制下進行。激情一般是由雄心和權力慾望中激盪出來的，他總是在辛勤的耕耘，有無懈可擊的工作熱忱。

他認爲別人所做的都不盡理想，一定要自己親手推動，時間將會證明他的成功。有時他不相信自己，也不相信別人，思想常常停留在疑慮不安的狀態中。

摩羯座男生對女性保持著一般的距離，因爲他懷疑她們對感情的眞誠能付出幾分。而他的感情是深藏和摸不透的，只有當他傾心於某個女性時，他的愛才能被激發出來，而且這種愛是持久不變的。

摩羯座的情緒常常摻雜著憂鬱，只有在知己好友或感到自己被人信賴的時候，他才會展露笑顏。否則，他總是沉默寡言和靜靜的觀察。

結婚以後，他仍會非常忠誠，對自己的親人有強烈的責任感，完全信任他們，他的家人應該理解他，給予密切的配合，對他週期性的憂鬱不必理會和苛責。

基本上，摩羯座的人一生忙於事業，沒有時間去外遇搞「婚外情」，雖然社會中有不少「誘因」，但對摩羯座的人來說，起不了太大的作用。

摩羯座的人因爲道德感強，加上自我約束的性格，雖然會有濫情的浪慢想法，但付諸行動的很少，無法眞正的享受到「婚外情」。即使可能發生「婚外情」，但也是十二星座中最少的一個。

寶瓶座的婚外情

寶瓶座的人內向、好幻想，屬於傷感型的人。他常給人一種裝模作樣的印象，但要是成爲戀人的話，卻是極有魅力的。他容易走極端，將友誼看成是比愛情更爲重要的事，但婚後卻能對感情保持眞誠不變，除非對方和他有嚴重的衝突感應。

寶瓶座男性的內心世界極爲複雜，令人難以理解，儘管給人的印象是樸實、豪爽的，但他的心理總是在矛盾中徘徊。他才華橫溢，很有個性，又有魅力，能讓人感到神魂蕩漾。

他不喜歡按規章辦事，也忍受不了愛情的約束。實際上，他喜歡的是友誼而不是愛情，因爲愛情會影響他形而上的沈思，會對許多眞理產生懷疑，會認爲：「我是誰？」、「來於何處，歸宿在哪？」等等，除非有一位和他一樣，都能深切瞭解生命特質和意義，並能讓他的懷疑得到合理的解釋，這樣的伴侶或配偶才能讓他狂熱地投入到愛情的懷抱。

寶瓶座的男性在四十一、二歲的時候，常會出現不可避免的人生轉折。他將會改變以往的生活，奔向新的未來。

能和他情投意合的是和他同樣有才幹的獅子座女性，如果獅子座無法給寶瓶座足夠的自由空間，也容易造成衝突；雙子座的女性也是他和睦相處的伴侶，她會從精神上和事業上不斷地給予他激勵和幫助；天秤座女性也許能給他藝術創造的力量。

基本上，寶瓶座雖然是個不滿現實的人，但對婚姻和家庭，卻是十分忠誠的，如果是自家庭以外來的各種壓力，他都能全力排除，但如果是來自家庭內的壓力，讓他沒有自由空間，過度的壓迫讓他不願再續這段姻緣，而寧可孤獨卻很快樂的過他自己喜歡的生活。

寶瓶座婚前喜歡同時交往許多異性，結婚後也不會斷絕這些「友誼」，容易造成「花心蘿蔔」的譏諷。其中當然會有「婚外情」的狀況，但僅是少數而已。即使有「婚外情」，這段情節也並不是一般世俗所認爲的那種情況，因爲「中性」或「無性」的寶瓶座，是個在感情方面十分「理智」的人，不會爲愛情而沖昏頭。

雙魚座的婚外情

雙魚座的女性與男性不論在性格上和愛情生活上都有很大的出入。雙魚座女性擁有溫情、浪漫、富幻想的特質，但是缺乏應變能力。在生活中，她需要一個能保護她並能把她的一切安排就序的丈夫。

不管在什麼樣的事情面前或處於什麼樣的環境，她的情緒變化都不會有激烈反應，相反的，會逐漸趨於無動於衷，或變得逆來順受。

她的感情脆弱，有些反覆無常，別人很容易用感情融化她，使她任憑別人支配。她需要學會說「不」這個字，因爲是她最好的自衛方法，然而這對她又是多麼的難以啓齒。

她追求一種充滿神祕色彩、羅曼蒂克的愛情生活。在現實生活中，她所喜歡的人往往與她心目中的偶像截然不同，但她還是熱情地、眞誠地投入他的懷抱。

雙魚座的人感情專一，並有爲愛情而獻身的精神，在感性之餘，也十分物質化，心中時常感受嚴重缺乏物質和金錢，所以在管理家政和經濟方面，她需要有人幫助。

性情溫柔、極易相處，她總是散發出一種令人難以抗拒的奇異魅力，這是一個浪漫而富於夢幻的人，對生活充滿熱烈的期望，但缺乏應變的能力，因此她需要一個強而有力的人，來呵護她、憐惜她。

雙魚座喜歡別人把一切都替她安排就緒，雙魚座女性多半像天眞可愛的孩子，希望自己是丈夫的掌上明珠。

在使人心振奮、激動的大場面前，或令人沮喪的情況下，她的情緒變化並不很激烈，相反，會趨於平穩和冷靜。

談到「婚外情」情節，雙魚座可以排到第一名，他的多情是出名的，對於眾多感情也能應付自如，這種「廣博的愛」被濫用後就有「淫亂」之嫌，婚前會變得濫交，婚後也容易出現「婚外情」，有時還不止一位，這些問題，很難防制，最好從心靈和道德兩方面的修養去下功夫。

桃花、外遇和離婚的關係

一般人，甚至所有占星家，皆由太陽、月亮、金星來查看一個人的感情運或外遇情形，但這樣仍是不夠的。事實上，只有上昇星座（命宮）以及後天十二宮，才能知道一個人的價值觀、戀愛觀、性愛觀，進而由戀愛宮、夫妻宮、偷情宮中才能查知「外遇」的情況。

自古以來，中國認爲子、午、卯、酉四宮爲「桃花宮」，相對於現代星座爲金牛、獅子、天蠍、寶瓶四個星座。但實際上，這四個「固定星座」並非眞正的「桃花宮」。現代對於桃花的觀念實在需要調整一下，事實上，眞正的「桃花宮」，應該是屬於四個「變動星座」中的雙子、室女、人馬、雙魚座，還有一個「風象宮」—天秤座。

至於離婚的高危險群，根據星象學上的學理、統計和分析，對離婚所得到的結果是：最高的是天秤座、其次是人馬座，其他如天蝎座、雙子座、獅子座。而離婚的高危險群，並不等於外遇，因爲離婚的理由千百種，而不是只有外遇一種，例如：雙魚、雙子、獅子、天秤、白羊座等。不愛搞「外遇」的星座如：巨蟹、室女、天蝎、摩羯、寶瓶座等。

其實，外遇也未必是桃花格，而桃花也未必都是外遇，外遇也未必會離婚，而離婚也未必都是外遇。因爲離婚的理由千百種，外遇情節也有輕重不同，有些能被接受，不致造成嚴重後果，而有些卻令人不恥，造成嚴重的後果，因此必須自己去面對並承擔一切。

桃花有兩種，要分辨清楚：

第一種：起因於個人魅力而招引的，例如一個成功的企業家、有政治魅力的政治家、有價値的單身漢、風流倜儻或風采迷人的演藝人員等。這些都能爲人接受，而且愈有魅力的人成就愈高，沒有吸引人的魅力而想要成名、成就，則難如登天。例如陳水扁和謝長廷等，不少仰慕者想盡辦法接近他們，又如企業家王永慶、黃任中等，都有不少的愛慕者和追求者。

第二種：起因於情慾深重，因此一生桃花不斷，由好的方面來說，這種人享盡人間豔福，風流放蕩，是個「花花公子型」，女性則可能成爲「大眾情人型」的人。不好的方面來說，這種人玩弄天下比他弱勢的異性，是個可怕的「好色之徒」，女性則成爲「貪花蝴蝶」，情節嚴重的更會成爲「人間色魔」或是迷惑天下蒼生的「妖精狐魅」。

感情開運篇

·「情人節」該送什麼花給情人？

·十二星座約會秘辛？

·如何招來桃花

·如何改善不良的心理行為？

8

「情人節」該送什麼花給情人？

十二星座的吉祥花

- 白羊座：翠菊、櫻花、星辰花、勿忘我等。
- 金牛座：雛菊、康乃馨、紫丁香、風鈴草、牡丹等。
- 雙子座：茉莉、洋繡球、夜來香、玫瑰、金銀花等。
- 巨蟹座：天香百合、虞美人、鈴蘭、九重葛等。
- 獅子座：火鶴紅、天竺葵、千日紅、向日葵等。
- 室女座：茉莉、美人蕉、大理花、雞冠花等。
- 天秤座：非洲菊、大波斯菊、芙蓉、紫苑、蕾絲等。

・天蠍座：菊花、睡蓮、桂花、秋海棠等。
・人馬座：文心蘭、非洲菫、蝴蝶蘭、天堂鳥等。
・摩羯座：康乃馨、滿天星、聖誕紅、風信子等。
・寶瓶座：黃水仙、紫羅蘭、馬格麗特菊等。
・雙魚座：愛麗絲、金雀花、鬱金香、睡蓮等。

十二星座的吉祥飾物

・白羊座：鳳凰、鎖鍊、帽子、雕刻品、童偶、水晶藝術品，或刻有對方姓名的禮物。
・金牛座：堅甲蟲像、銅製品、泥塑、領結、髮飾、化妝品、藝品、糖果、水果蛋糕。
・雙子座：三角形物、水銀、風鈴、車船模型、文具、指甲盒、鑰匙鍊、行事曆。

・巨蟹座：銀質新月物、各種球類、銀器、日記簿、杯墊、臘蠋、針線盒、水晶花瓶。

・獅子座：金質紀念章、黃金、珠寶、古錢、水晶、金飾品、鏡子、沐浴乳、香水。

・室女座：筆、文具、木製品、竹筆筒、小樂器、針織品、圖書禮券或購物禮券。

・天秤座：心形物、花瓶、扇子、陶瓷器、巧克力、領帶。

・天蝎座：龍形物、毛筆、鐵製品、漆器、胸針、神秘飾品、洋娃娃。

・人馬座：星形物、蠟燭台、絲帶、胸飾、帽徽、宗教藝品或飾品。

・摩羯座：方盾形物、鑰匙扣、錢包、陶器、文鎮、領帶、別針、項鍊、玩賞石。

・寶瓶座：螺形物、絲巾、球拍、汽車飾品、占星用品、餐巾、鬧鐘、鬼臉面具。

・雙魚座：馬頭魚尾怪獸、氣球、塑膠製品、鵝卵石、瓷瓶、百寶箱、風箏、精美飾品。

十二星座寶石飾物

・白羊座：紫水晶（眞摯）、鑽石（純潔）、紅寶石、碧璽、紅碧玉（勇敢）、石榴石、血石、碧玉、孔雀石。

・金牛座：祖母綠、藍色瑪瑙、瑪瑙、苔瑪瑙、蛋白石、鑽石、翡翠（幸福）、珊瑚、珊瑚石（純潔）、玉、雪花石膏、青金石。

・雙子座：纏絲瑪瑙、海藍寶石、水晶、綠玉石（果敢）、綠柱石、綠玉、綠柱玉、藍綠玉、紫翠玉、瑪瑙、祖母綠、綠寶石、綠玉髓（智慧）、黃玉、橄欖石。

・巨蟹座：翡翠（幸福）、黑縞瑪瑙（愛情）、水晶、珍珠（健康）、透明石膏。

・獅子座：鋯石、紅寶石（愛情）、鑽石（純潔）、紅瑪瑙（高尚）、風信子石、紅玉、貓眼石、琥珀、貴橄欖石。

・室女座：粉紅玉髓、碧玉、風信子石（忠實）、橄欖石、東菱玉（友誼）、瑪瑙、大理石、黃玉、海藍寶石。

・天秤座：綠柱石、蛋白石（希望）、鑽石（純潔）、純綠寶石、藍寶石、青晶石（幸運）、苔瑪瑙、紅玉髓、珊瑚、翡翠、雪花石膏、琉璃、貴橄欖石。

・天蠍座：黃玉（友誼）、紅寶石、蛋白石、雪花石（希望）、孔雀石、碧玉、血石髓、天然磁石、火石。

・人馬座：黃寶石、紅玉寶石、土耳其玉（紅綠混雜色，表繁榮）、橄欖綠、翡翠、深紅色石榴石、綠松石、黃水晶、虎眼石（眞情）、紫水晶、黃玉、風信子石、月長石、石榴石。

・摩羯座：煤精、水晶、紫水晶、瑪瑙、纏絲瑪瑙、白縞瑪瑙、紅條紋瑪瑙、月長石（健康）、黑玉石、風信石、土耳其石（成功）、血石、藍寶石。

・寶瓶座：藍寶石（智慧）、蛋白石（希望）、紫水晶、石榴石、粉晶石（友愛）、藍寶石、玉髓、琥珀。

・雙魚座：貴橄欖石、珍珠、月長石（健康）、海藍寶石、水晶、紫水晶、黑瑪瑙（誠懇）、黃玉、風信子石、象牙。

十二星座約會祕辛

白羊座約會祕辛

你是一個感情起伏極快的人，喜歡追求冒險機會，尋求永遠的第一，喜歡大自然和戶外活動，渴望摩登、花俏式的生活伴侶，對愛的表達是直言不諱的。

如果能配戴代表眞摯的紫水晶或代表勇敢的紅碧玉，晚上用薑花味或茉莉花味爲主的香水，必能讓你更加開運，獲得親睞。男士則最好選擇淨色的西裝，無論是寒暑，顏色愈淺愈能散發出你的魅力和性格。

白羊座喜愛人多和熱鬧的地方，才能感受「大都市的活力」。可以選擇能掌握周遭環境，擺設現代化、出入方便，能發揮個人活力，又具生氣蓬勃之象的新開業餐廳，表現新穎而有個性的餐廳宴請賓客，最有氣氛。而多層大廈的較高樓層、有居高凌下氣勢或視野開闊的地方，即使是未經琢磨刨光的石頭樹皮等裝飾的餐廳，亦符合白羊座高高在上的性格。

金牛座約會祕辛

你是一個感情豐沛的人，喜歡追求穩固基礎，尋求被改變的生活習慣，喜歡到鄉林和田野中去，渴望戀情纏綿悱惻和擅於烹調的伴侶，對愛的表達是死心塌地和不厭其煩。

如果能使用深粉紅色的唇膏，可著力一點塗抹，表現柔中帶剛的特質，並配帶粗身碎鑽的金戒指，必能讓你獲得親睞。男士則宜選擇較為傳統及保守顏色的領帶如，深藍、暗紅或灰色系列來當成主色，配以密線條或有規則的圖案。

金牛座在從容自在的神態中，透露著藝術與美感的特質，空洞冷清的環境和陳設卻是大忌。方位以東北東及北北西爲宜，如果在有田園、草原、田野或牧場等環境的地區和餐廳用餐，一個絕對舒適的環境、經久耐用的餐具和古典的的裝飾壁、壁畫或西洋畫等，加上藍色（淡藍或深藍），或粉紅、咖啡、灰色，以及青銅、深黃等顏色裝飾的餐廳宴客，最順他的氣場，都能幫金牛座的人開運。

餐廳中如果有卡拉OK，能讓主人和客人盡情歡暢，牆邊的喇叭最好能播放音樂或舞曲，如輕快而夢幻的音調，或浪漫的情調音樂，都能刺激你的靈魂，使你進入輕鬆愉快和羅曼蒂克的情境中，情侶在此用餐，最能增進感情，也能提高食慾，並使宴客場面更加熱烈。

雙子座約會祕辛

你是一個愛玩的人，喜歡追求新潮知識，你尋求著總是保持沈默，喜歡閒聊、看書，而且渴望絕無僅有並出色的伴侶，對愛的表達是非常迷人而冗長的。

如果能配戴輕金屬做的耳環，在同一串裏，可配合不同形式，且顏色愈鮮艷愈好。可以穿著顏色鮮明、方格線條，且裁剪新穎大膽，適合淺黃色薄絲襪，花紋圖案愈多愈好，讓你更加明艷照人，獲得親睞。

活躍、好事、機動性強的雙子座，變動的磁力促使他無法長久固定一地，所以他喜歡每次在不同的餐廳用餐，即使在同一餐廳用餐或請客，都必須每次更換口味，菜單也是變換多端。最好到出入方便的餐廳，方位以北北東及西爲宜，如果餐廳懂得變換裝飾、桌飾，或餐具，而且經常更換菜色，也都能吸引雙子座強的人。

巨蟹座約會祕辛

你是一個注重感情的人，喜歡追求盡善盡美，喜歡逃避現實，渴望被保護與護衛家人，對愛的表達是溫柔的。

能盡量避免使用金屬錶帶，而圓形錶身的金錶，較易散發出妳的魅力，錶面不適合用阿拉伯數字，上衣可以配上白色或銀色系列的配筆，要注重實用性，必能讓你更加開運，獲得親睞。

由於巨蟹座具強烈母性和自衛性，因此適合堅固、穩重而安寧的餐廳。偏僻或過於人多、熱鬧的地方，都不適宜，所以不妨折衷在不算鬧區，又不致過於荒僻的大樓，方向則以面朝北或朝西爲宜。

適合距離水邊、山邊、田野、河邊、湖邊、海邊、小港或有任何小溪流激流之處，有鄉土味和家鄉味的餐廳，而社區餐廳則讓他一解對河、海的愁思。應該盡量選擇靠水或有水草的地方，並選擇富浪漫色彩的房子，最好隱藏在綠叢中，因爲古意盎然，又充滿寧靜祥和氣氛之地，是最適合的。

獅子座約會祕辛

你是一個才華出眾的人，喜歡追求崇高理想，尋求不失面子的生活。喜歡參加盛會與社交活動，渴望引以自豪的資本，對愛的表達是容人雅量與慷慨大方的。

男性如果能梳上一頭斜角、短而薄的髮型，會使你看來更加活潑。女性最好能束上一把長而濃密的髮束，燙成捲曲型，如果能配戴隱形眼鏡或帶色的眼鏡，必能使你深具野性與魅力，讓你開運，獲得親睞。

獅子座舉手投足間有著非凡的尊貴氣派，花園洋房最能襯托他的派頭，像皇宮內院般豪華的餐廳或飯店，也符合「帝王般氣派」獅子座人的需求。最重要的乃是把壯觀與豪華，列爲第一條件。在選擇餐廳或情侶約會談心的場所時，最好是在有名的街道，並且是壯麗、豪華的大廈樓下或大廈頂樓透天花園餐廳，或者是有陽光及奪目亮麗色彩的餐廳和飲宴場所，爲了有開運效果，大片窗子更屬必要。另外，餐廳方位以北北東或西南西爲理想。

室女座約會祕辛

你是一個慎重而值得信賴的人，喜歡追求實踐計劃，終生追求的是一種無法達到的盡善盡美。喜歡倘佯在自己的小天地中，渴望他的情趣能得到欣賞，對愛的表達是躊躇不前。

如果能配戴或深或淺、不同色調的領帶，或者是斜間或方格條紋，且圖案類似徽章或圖型，都能表露你的氣質。也可配戴咖啡色、藍色或灰色的皮帶或帶釦，最好有圓形圖案，旁邊加上標記，必能倍添風采，獲得親睞。

室女座最適宜選擇環靜清幽的餐廳。挑選小而幽雅、舒適、陽光充足，又有閱讀空間和略帶藝術氣氛的餐廳，最順他的氣場。可以在用餐和稍爲休息後，做爲讀書或寫作場所，必能激發創作力，觸發靈感；相對的，直曬的強烈陽光會干擾室女座磁場，過大的窗戶或噪音重的地方不適合你。餐廳的方位以西北西、南南西爲宜。

天秤座約會祕辛

你是一個一心想使別人滿意自己，喜歡追求摯愛情誼，總是尋求得到大家的愛。你喜歡參加盛大的宴會，渴望姐妹一般的情誼，對愛的表達是很浪漫的。

如果能佈置或調整床位，最好選擇能夠從窗口看出去時，會看到市景或街景的地方。窗子要大開，空氣要好，浴室是全間房子最主要部份，大些無妨，必能讓你更加開運，獲得親睞。

天秤座要求自衡與和諧，他對環境的要求也是如此。因此，特殊設計、誇張或華麗的房子是他們的拒絕往來戶。外觀平常，可以眺望街景的住家最適合，方位面西或南爲宜。開得大大的窗戶，很適合不願離群索居的天秤座，即使獨自在家，他也可以隔窗與左鄰右舍爲伴。

優美的曲線形、渦形、卷曲形的設計，最順天秤座的氣場，而臭味和噪音則不利氣運。均衡、對稱、再加上一點美感及藝術氣息的席夢思，則是住家的重點。繽紛的鮮花與絲織品可增強生機、旺發運勢，最好勤作花卉栽培或切花裝飾。

天蝎座約會祕辛

你是個有強烈慾望的人，喜歡追求摯熱眞情，尋求絕對與佔有。喜歡去尋覓珍奇稀有之物，渴望找到一個寬容的伴侶，對愛的表達是錯綜複雜的。

如果能噴上帶有磁石般吸引力的香水，能使你輕易地組合成一種神奇的魔咒，必能使你的愛人無法抗拒；亦可當成春藥來使用，引誘你的情人進入性愛興奮的網。羅曼蒂克的花香、刺鼻或極端的香味，如花香、水果味、檀香等味特別適合你，清淡味道的香水並不適合你。這些都能讓你開運，獲得親睞。

天蝎座不相信「日光之下並無新事」的說法，事實上，他正在找尋一個從未探測過的最新隱密住所，即使它在鬧區，必然也充滿神秘色彩。住家方位以西南西或南南東爲宜，完全與外界隔絕的住家設計最合天蝎座的隱蔽需求，在背陽面窄窄開個透氣的小窗已經足夠。長直線與銳角的組合，最順他的氣場，古色古香的家具及陳設，則頗合他那深邃的神情調，有利開運。塵埃、噪音、以及直晒的陽光會破壞天蝎座旳氣運，而悅人的花香或花香調芳香劑則可清理遭受干擾的磁場，要懂得運用之道。

人馬座約會祕辛

你是一個熱情洋溢的人，喜歡追求自然智慧，尋求妥協，喜歡在大自然散步與騎馬，渴望能協助他事業的手，對愛的表達是熱烈的。

如果能多聽生動的、快活的音樂，或是輕鬆趣味的歌曲、鄉村音樂、搖滾樂、節奏樂、藍調、福音曲、宗教祈禱音樂、田園曲、校園歌、小提琴、鋼琴與一種波卡舞舞曲或快速旋轉舞曲等，皆能觸動你的心境，必能讓你更加開運，獲得親睞。

人馬座金身的細胞都隨時等著與大自然唱和，郊區獨立的二層透天厝，最適合他的獨立精神。若是市區的公寓，則附近必須有可以散步的小綠帶，方位以南南西或東南東爲宜。

原木和獸皮的自然風味，最能表現人馬座的純樸。寬敞的地板上光影躍動，四季之風吹拂各個廳房，這類開放性的設計，有助人馬座的運程。綠色盆景可以開運，但務必天天澆水。北歐式的建物和小隔間，不利於人馬座大開大闔的格局，與其整修，不如搬家，方可補救。

摩羯座約會祕辛

你是個深思熟慮、從容不迫的人，喜歡追求至高至善，尋求參與其事，喜歡辛勤的工作，渴望能擔負起家庭責任的伴侶，對愛的表達是富於理智。

如果家中、房間、前後庭園或花檯上，能多種些常春藤、柏樹、蔓陀羅花、樹莓、滿天星、聖誕紅、東亞蘭、風信子花、繡球花、康乃馨、紫丁香或藍色的花，必能讓你更加開運，獲得親睞。

摩羯座堪稱職場賣命的苦力頭子，公平的命運之神應許他四處置產，而他則選擇植有灌木圍籬的堅固平房棲身，其他產業一概出租。理想的住屋方位為西東或朝西。

誇飾、炫耀皆非摩羯作風，經過歲月淘洗呈現出人文光采及自然本色的建物，十分合適他安置安逸的家。摩羯不排斥濕寒的外在環境，但室內必須保持乾暖；噪音干擾他的磁場，隔音設備不可忽略。

寶瓶座約會祕辛

你是一個充滿新奇點子的人，喜歡追求崇高自由，尋求人和事物的內在本質，喜歡自由自在、沒有約束，渴望創造性的友誼，對愛的表達是柏拉圖式的精神。

如果在家居佈置或衣著飾品方面，能多採用開運的顏色，如藍黑、淡藍、淺藍、天空藍、電光色、嬰兒的粉潤色、青玉色、海洋色與皇家藍等寶瓶色彩。用衣著色調增強生活空間或是衣櫃裡擺滿這些色調的衣服，皆能補強運氣，獲得親睞。

寶瓶座是摩登原始人，也是最科技化的吉卜賽人，爲了掌脈社會脈動，住商混合區及交通便利的郊區，都合適他居住，當然，不是搭帳篷。住家方位以南南東或東北東爲宜，寶瓶座前衛、新潮、特立獨行，怪異氣氛的設計，最順他的氣場，寬闊得令室內外會界限模糊的透明窗，則有利運勢開展。

雙魚座約會祕辛

你是個純眞、浪漫多情的人，喜歡追求理想及博愛，尋求被遺忘，喜歡夢想和不切實際的事，渴望愛的歡愉和溫情，對愛的表達是被動和曖昧的。

如果能在室內的陳設上，表現出古老神秘的氣氛，擺上稀奇古怪的小玩意，使房間充滿意境幽雅而迷離的色調，必有助於舒展心情，並引起遐想。最好能養上一缸的錦鯉和熱帶魚當作寵物，你會對牠們很有好感，並能觸動靈感，也能讓你開運，獲得親睞。

雙魚座浪漫多變的性格，讓人捉摸不透，假日消遣時喜歡去看海、遠離塵囂，也喜歡到有山有水的地方，如湖邊、海邊、山邊附近的飯店或旅館用餐；若在都市，則偏好隱密、寧靜的所在。視清潔爲最重要的事，在豪華、亮麗或具神祕、浪漫、藝術、奇特、詭異等特質的餐廳中用餐，最爲適合。

如果餐廳燈光暗淡，點上蠋光將更加美妙；如果有美妙的音樂，鋼琴、小提琴、豎琴、古箏、古琴等音樂背景，或有現代舞和古典芭蕾演出的場所，更能讓雙魚座樂而忘憂、疲累全消。雙魚座想像力豐富，即使是平凡無奇的餐廳，只要來點乾冰效果，所造成的煙霧幻境，也會讓他讚歎不已。

如何招來桃花？

同樣是在兩性繾綣之下孕育，爲什麼有些人情緣多得必須以問卜祭改來「斬桃花」，而有些人卻情緣遲遲不來，只好藉助論命諮詢以「招桃花」？事實上，妻財一線牽，整體而言，財多的人，桃花亦多；相對的，床頭金盡，桃花自退。至於財不旺者，自有「桃花」的免疫能力，就星象學命宮（上昇星座）而言，排行首位的桃花教主，首推泛愛多情的雙魚座，其次是愛逢場作戲的雙子座及喜歡吃喝玩樂的獅子座，而滿腦酒色財氣的金牛座當然要算上一份；此外，離婚率高的天秤座及天蠍座，也是多妻、多夫的「桃花族」。命宮巨蟹座常有青梅竹馬的「老相好」，獅子、人馬座常有漂亮女祕書相隨，雙子、寶瓶座的異性伴侶常成群結隊，雙魚座則更是過著三宮六院般的「帝王」生活。

有些人爲桃花多而煩惱，相對的，有些人一生中絕少走桃花運，以星象學上看，愛情長跑的巨蟹座、保守挑剔的室女座、事業爲重的摩羯座、自由獨立的人馬座，以及有絕緣保護的寶瓶座，這五個星座的人，較不易「來電」，即使內心充滿期待與盼望，也不會被愛情沖昏頭。《聖經》有言：「那人獨居不好」。如何才能擺脫「我共影兒、兩個孤單」呢？請看下列各招。

找尋星盤中強烈的感應點

最易「來電」的最佳拍檔是命宮或太陽宮相對的人，例如白羊座與天秤座、金牛座與天蝎座，因爲二者之間，有著強烈的吸引力，幾乎是一見鍾情，是以「互補」爲基礎的最佳夫妻緣；又一方的太陽和對方的太陽、月亮、金星、火星等行星會合或對宮的人，也是一對有情人。

利用星座金屬飾品和衣著色彩來開展桃花運

‧白羊座：鐵質，和紅、黃、紫色。

‧金牛座：銅質，和淡藍、粉紅、深黃色。

‧雙子座：白金，和條紋多色、淡紫色。

‧巨蟹座：銀，和白、珠光、綠、藍、紫色。

‧獅子座：金，和金黃、古銅、紅紫色。

‧室女座：水銀，和銀灰、深紫、棕色。

‧天秤座：銅，和藍、淡黃、強烈粉紅。

‧天蝎座：鐵，和紅、暗紅、黑、白色。

‧人馬座：青銅，和藍、紫色。

·摩羯座：鉛，和黑、海藍、青玉色。
·寶瓶座：鉑，和藍黑、淡藍色。
·雙魚座：合金，和青綠、淡紫、紅色。

陽宅桃花開運法

風水上的桃花位，首推南方離位，離象有美麗及依附之象，一個人有美麗的容貌和鈔票的依恃，膽子自然增大，桃花運也就會跟著來。

事實上，南方就是聚寶位，多是靠著「賭」字訣招來的偏財，尤其是南方兩邊及東南與西南方有水或樹木，會招來「桃花」及偏財，但如果南方有水氣，則可能因色犯刑，或一夜橫發，但又可能瞬間破敗，甚至官非纏身。

肢體語言看桃花

喜歡在頭、頸部或胸前下工夫裝飾的人，最易招「桃花」。如適度化妝、上口紅，梳整亮麗的頭髮，尤其是長髮披肩、瀏海掩洩最能備增嫵媚，頭髮或胸前戴上金銀或玉質飾品，頭部裹上絲巾，衣衫輕柔飄逸，也顯得相當有魅力。必須注意的是，這些裝扮必須不脫端莊，否則會落入人相學上所界定的「庸俗」和「浪蕩」。

用咒語法術招來桃花或斬斷壞桃花

有些咒語法術可用來增進夫妻感情、招來好桃花、斬斷壞桃花等，但咒法有其時效，以法術招來的「桃花」，並不可靠，等到法術時效一退，又會被打回原形。因此想運用小法術來安定「桃花」者儘可一試，但切勿認眞。現在介紹一個「獨占花魁」的法術。

這個法術可幫助那些愛心有餘、馬力不足，而且戀人常被搶的朋友們，爲他們驅逐情敵、獲得所愛。方法是在三角形紙片上畫一個尖耳張嘴的頭，在嘴裡順序寫上三排「走」字（齊腳而不必齊頭），在滿月之夜將紙片埋在地下，情敵便會轉移目標，讓所愛的人重回到你身邊。

如何改善不良的心理行為？

藉著克服不利的心理因素或行爲，確實可以改善命運、增進夫妻感情與婚姻幸福。就星象學而言，如果所有的行星、宮座、星辰與星座受到嚴重刑剋，那麼任何方法都不能挽救敗象，若只有一項或兩項受到刑剋，則可用星象學的方法來加以改進。

寶石療法是星象學界相當普遍的改運方法，正確使用可以對命運、婚姻做若干程度的修正。例如結婚時，交換戒指代表締結姻緣，星盤中所顯示出來的氣質則成就了一樁「宇宙婚姻」或「星象姻緣」，是一種人與天地間磁場的最佳感應，此時佩帶寶石相當有利。

寶石改運要領

1.寶石的選擇要依據群星之首的月亮，或月亮所在的星座，以及第四宮來決定。

2.針對受刑剋的行星或星座來改善。

3.挑選適當的時機或星象磁場較佳的時間佩帶寶石。

依據受太陽照射所發出的光線與磁場，寶石可分爲「冷寶石」與「熱寶石」兩大類。「熱寶石」可用來改善冷淡、羞怯、恐懼、憂鬱，激發自信心；反之，「冷寶石」可用來調和衝動、怪癖、固執與殘忍等行爲。

所謂「熱寶石」是指紅寶石、珊瑚、貓眼石與鑽石。而所謂「冷寶石」是指珍珠、翡翠、黃玉與藍寶石。鑽石雖屬「熱寶石」，但卻兼具冷熱兩種功能，在應用上是個特例。

使用寶石要特別注意顏色純淨單一、光澤悅目，才能用來克服精神上的不良狀況，有記號、斑點或邊緣有損的寶石，會使情況更爲不利。

護身寶石的改運功能

1.鑽石：使人雄心勃勃，並且會增進責任心與自信心，因此可以減輕癲癇症與腎臟病。

2.紅寶石：可以增進責任心與自尊心，能夠改善腦質、神經衰弱、髓膜炎、減低血壓。

3.珊瑚：改善交際能力、智力不足、健忘、理解力差等缺點，促進腦部發育，減輕髓膜炎等症。

4.翡翠：改善神經衰弱、智力不足、健忘、挫折感、不安寧、暴力型的瘋狂，並增進探究心，減輕腦疾、腦脊髓、高血壓、癲癇症、腎臟病等。

5.珍珠：增進思考力，改善理解力差、不安寧、忘恩負義、暴力型瘋狂、歇斯底里、精神失常、失眠、神經衰弱、憂鬱、多夢、癲癇、恐懼、墮落、自殺傾向，減輕腦部疲勞、腦疾、腦脊髓膜炎、高血壓、痲痺等。

6.藍寶石：改善智力不足、記憶力不集中與變態心理等，能增進毅力、並減輕腦疾、腦脊髓病、頭痛、高血壓、歇斯底里、癲癇症、顏面神經等神經痛、痲痺。

7.貓眼石：改善對環境的不適應症等。

8.黃青玉：可以改善依賴、失去希望、自殺傾向等狀況，並且能夠增進思考能力。

本書結論

愛是「容忍體諒」，不要「堅持多疑」

我們可以沒有愛、美或異性而生存，但若沒有愛、美、合作、和諧、藝術、安詳與統一性，我們則無法眞正地「生活」著，或好好的過生活。人生只要眞正的愛過一次，完全而無怨尤的付出過，則可以終身無憾。

愛是捉摸不定、進退反覆、來去不定的。

英國作家契斯特頓說：「愛就是要瞭解，有一天它可能會失去。」

坦尼斯說過：「愛過而後失去，總比沒有愛過好。」

愛就是要懂得無償的給予，付出愛心、耐心、容忍、體諒、犧牲與奉獻，需要平衡、和諧、關懷、體貼，夫妻關係也是如此才能得以維繫與延續，切不可堅持、多疑、嫉妒，這都是破壞美滿婚姻的殺手。

愛是「相互尊重」，不是「盲目恩愛」

自古中國人、一般的社會學者和婚姻家庭諮詢專家，都會將性與婚姻結合，認爲「恩愛」是感情和夫妻和諧相處的不二法則。就天命自然之理和星象學的觀點來看，是不正確的。所謂夫妻「恩愛」，就是一方完全沒有自我意識，完全無法自作主張，完全聽命於另一方，但在長久相處後，就會成爲無話可說的一對沉默夫妻，嚴重的狀況會造成生離死別。這就是太陽、月亮或金星在天蠍座的特質。如果一方是零、沒有意見，而一方則是一百、絕對掌控，這種不平衡與絕對極端的特質，也就是俗語所常說的「恩愛愈深，等於毀滅。」

性、愛與婚姻關係合而為一的說法，是自古以來錯誤的認知，也就是將天蠍座當成夫妻宮來論。天蝎座三方會合巨蟹座和雙魚座，顯示夫妻關係是一方完全操持家庭的一切（巨蟹），而另一方則完全沒有意見，沒事可做，躺在家裡享福，完全聽命於另一方，像是個廢人（雙魚），時間一久就會成為冷漠無言的沉默夫妻，而一方絕對強勢、一方絕對弱勢，最後會造成一方或雙方的毀滅（天蝎）。

夫妻相處不是「盲目恩愛」，就能解決一切生活中包括：家庭、子女、錢財、事業、身心上的各種問題和挑戰。夫妻間必須要懂得「相互尊重」，白羊座等同於命宮，而對宮天秤座等同於夫妻宮，未婚或個人相處時，可以我行我素，不必聽命任何人，但是有了伴侶或夫妻關係時，就必須尊重對方，一切要以雙方和家庭利益為先。所以在做作任何決定前，最好要在雙方的默契下，先相互協調，因此所得到的折衷方案，才能執行，如此不致一方決斷、一方蒙在鼓裡，一旦出了事，卻要雙方共同來解決和承擔，這是非常不公平的。

家庭是共同建立的社會最小單元，夫妻相處更要相互尊重，來共同面對生活和一切人生的挑戰，不能逞一己之私而胡作妄爲。天秤座，三方會合雙子座和寶瓶座，顯示夫妻關係是需要相互溝通（雙子），彼此尊重，保持一定距離（寶瓶），才能達到平衡、和諧、互利、互惠、美滿與快樂（天秤）。

天秤座是一種法律關係，也是一種互補與合作的關係，是需要夫妻雙方共同去協調解決問題的一種親密關係；而不是向一方傾斜的偏差關係，更不是堅持、不妥協的絕對、毀滅關係（天蝎座）。

生命必須要受到尊重，每一個人都必須要懂得尊重，最後殷切盼望夫妻或有情人，要想維繫良好、和諧的關係，必須「自我尊重」，更要「尊重對方」（天秤、金星），不能強制要對方聽命於自己，而造成雙方關係的毀滅（天蝎、冥王）。

附錄

· 星象研究中心

占星玩家系統使用說明

使用手冊

星象研究中心

占星玩家系統

皇極星象學研究中心製作

系統需求

● 作業系統

MS Windows 3.1 中文版或MS Windows 95 中文版。

● 硬體設備建議使用

486/100MHZ。

16M記憶體以上之個人電腦。

雷射或噴墨之印表機。

● 螢幕解析度

建議調整爲640x480或800x600之「Small Font」字型。

● 配合之驅動程式

BDE(Borland Database Engine)。

系統安裝

● 將皇極占星玩家光碟置入光碟機，再執行 A:SETUP，之後依下列步驟操作即可。

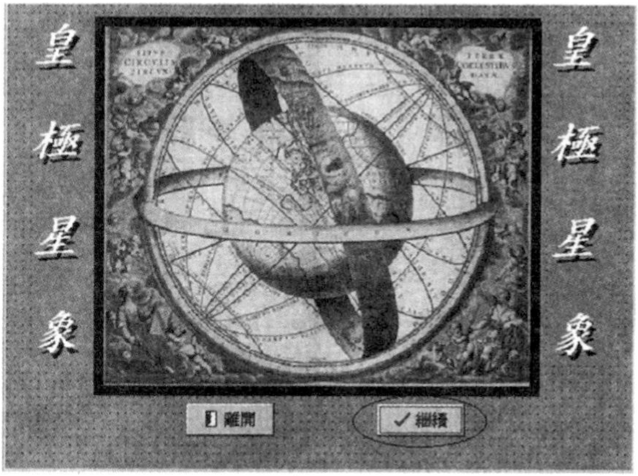

步驟一：請點選「繼續」。

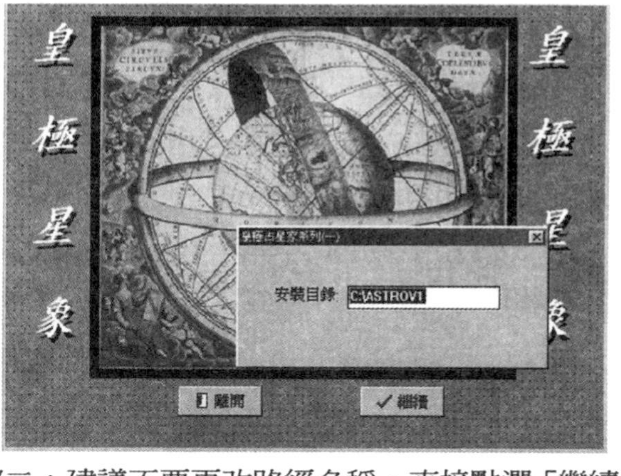

步驟二：建議不要更改路徑名稱，直接點選「繼續」。

步驟三：拷貝檔案中，請稍後。

● 檔案拷貝至100%後，系統將自動啓動BDE驅動程式，在出現下列畫面後，依步驟操作即可。

步驟一：請點選Continue。

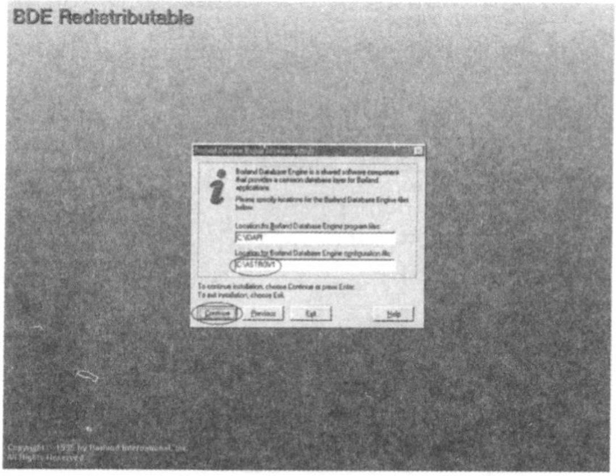

步驟二：兩個路徑名稱請勿更改，直接點選Continue

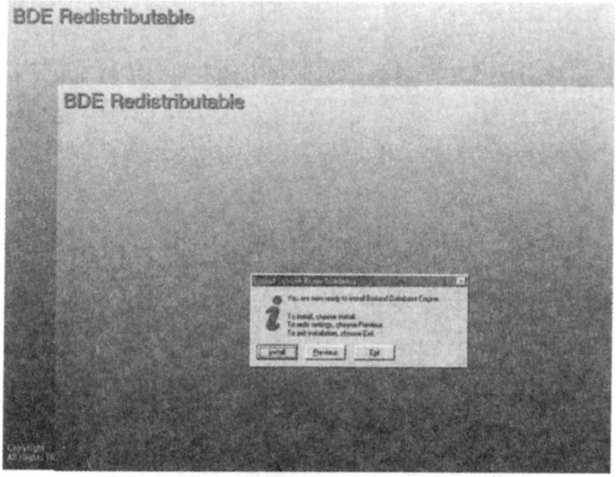

步驟三：點選Install。

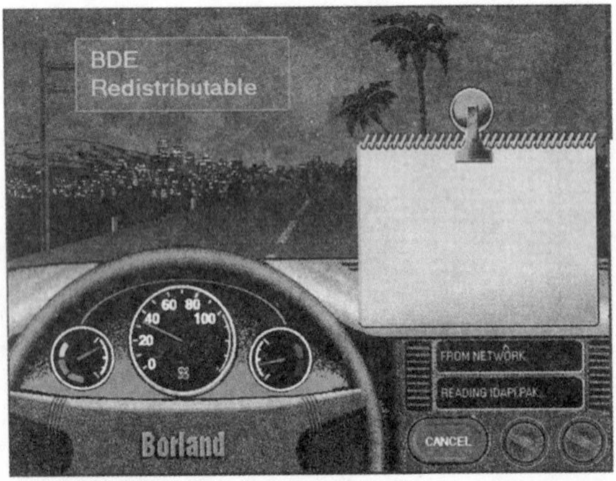

步驟四：開始拷貝檔案，請稍後。

步驟五：BDE安裝完成，請點選Exit。

BDE安裝完成之後，會顯示如下畫面：

步驟六：請點選[確定]。

步驟七：請點選[完成]。

安裝完成之後，會出現如下之“皇極星象玩家”圖示：

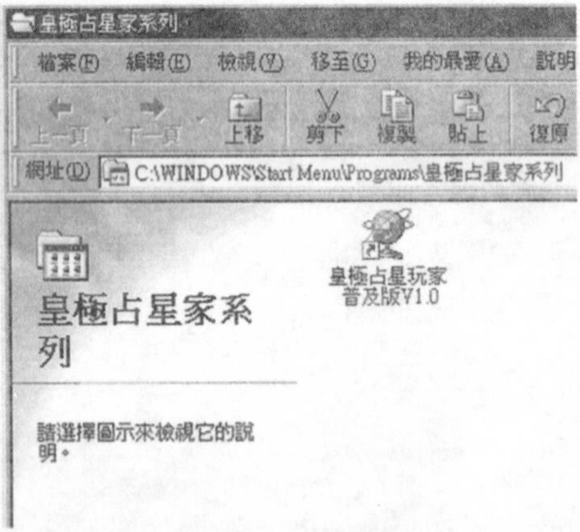

至此程式安裝大功告成。最後在點選該圖示即可邁入本系統了。

開始本系統

1.在Windows下執行本系統時，會看到如下畫面：

本系統之主畫面，分為七類功能，分別簡介如下：

1.關於本軟體：說明本軟體之製作起源及使用範圍。

2.使用者資料登錄：提供使用者個人資料檔案及相關資料之輸入界面，並附有客戶回函卡列印功能。

3.本命星盤：進行個人星盤及名人星盤之展現及列印輸出。

4.星象學基本認識：提供占星學之基本常識即十大行星、星座、命宮之定義。

5.星座開運：依照在各星座出生者的性格及喜好，揭露開運的密法。

6.作者簡介：介紹作者黃家騁先生對《易經》星象的研究。

7.系統結束：結束本系統作業。

本命星盤

1.在主畫面下執行[本命星盤]或按[啓動]按紐後，會看到如下畫面：

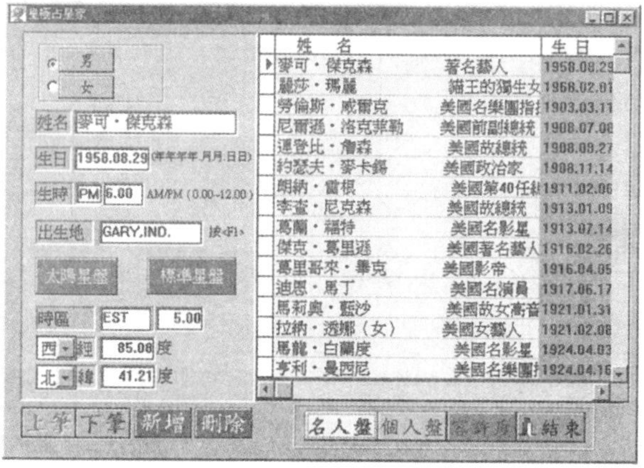

此畫面可讓您列印「名人星盤」「本系統提供近60個名人資料」及「個人星盤」，您可以按下「新增」鈕來輸入您個人或朋友的出生日期 、時辰，及出生地點，接著再按「標準星盤」或「太陽星盤」，系統將自動計算各星之相位角，並展現星盤如下圖：

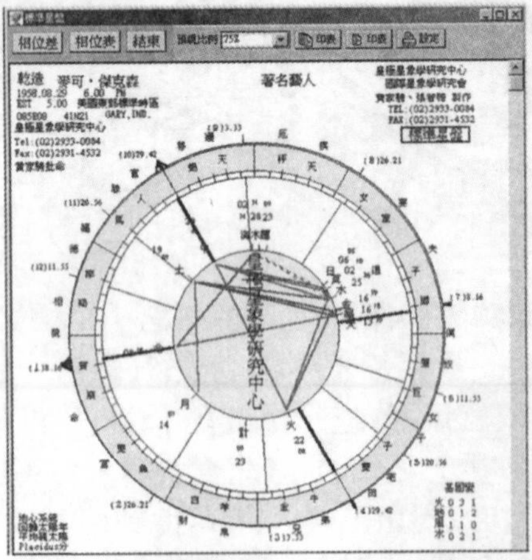

註：本報表爲「預視模式」，可供使用者瀏覽，但如果您想將此報表輸出至印表機，請參看下面「報表的操作」說明。

報表的操作

本系統所列印出來星盤都必須先經過預視的過程才能列印於印表機上，如上圖即爲一報表的預設畫面，現將操作說明如下：

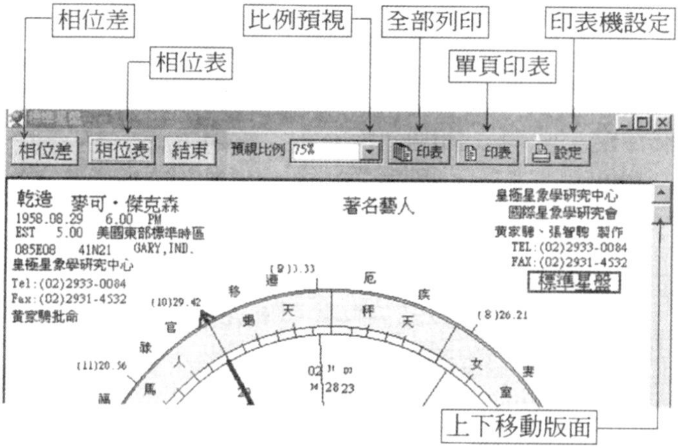

1.星盤其他功能操作：可直接點選「相位表」，即可另外顯示一張相位差明細總表(升級版才提供列印功能)；或直接 點選「相位差」，將另外產生動態「一星對多星」之相位 差速查表單，您可對該表單之某星直接以滑鼠點選，即 可得到相對各星之相位差；至於「結束」按鈕，是提供您一個關閉此報表的捷徑。

2.版面的移動：我們可以使用右邊捲動軸來調整本頁報表版面的上下移動，相對地也可以使用鍵盤的「↑」「↓」來微幅調整報表版面之移動。

3.版面的大小調整，在報表視窗的上方有一個「預視比例」的下拉式選項，用來控制版面的大小，本大小僅影響預視的情況，不影響印表的狀態，其選項說明如下：

(1)200%，此為放大一倍的預視模式，較大、易看清楚，但版面必須上下及左右捲動，操作較不便。

(2)100%，原比例模式。

(3)75%，平常沒有特別指定時，大部分的報表預設為此比例。

(4)50%，比原比例小一倍。

(5)頁寬，以報表實際的寬度，再按比率計算頁長的比率，此方式是可以保證左右皆不會超出預視範圍，完全可以容納頁寬為主。

(6)全頁，以報表實際的長度為視窗的長度，再按比率計算頁寬的比例，此方式是可以保證上下皆不會超出預視範圍，完全可以容納頁長為主。

4.預視之後，是可以利用[印表]與[印表]來馬上印出至印表機中，其中[印表]是指單頁印表，及僅將目前的資料輸出至印表機中，[印表]則代表全部印出，即將所有的報表一次印出。

5. 印表機設定，在印表之前你也可以按下 設定 「印表設定」按鈕來定義一些Windows印表機的一些基本設定。

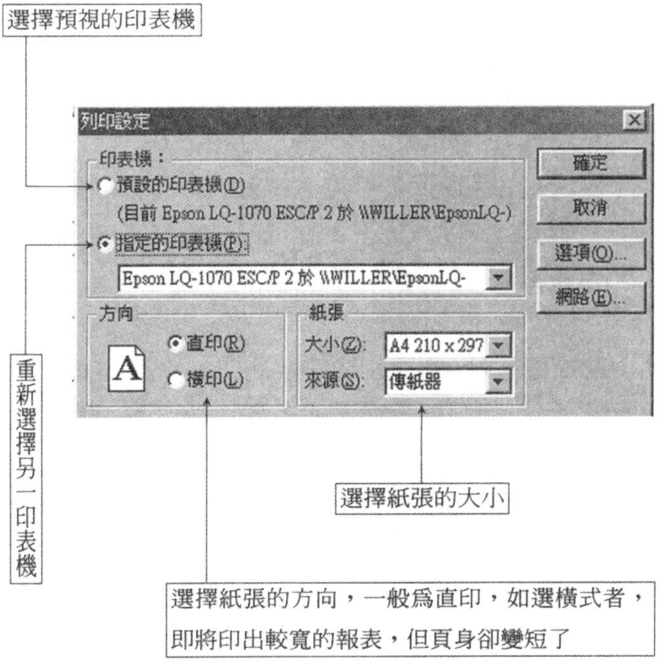

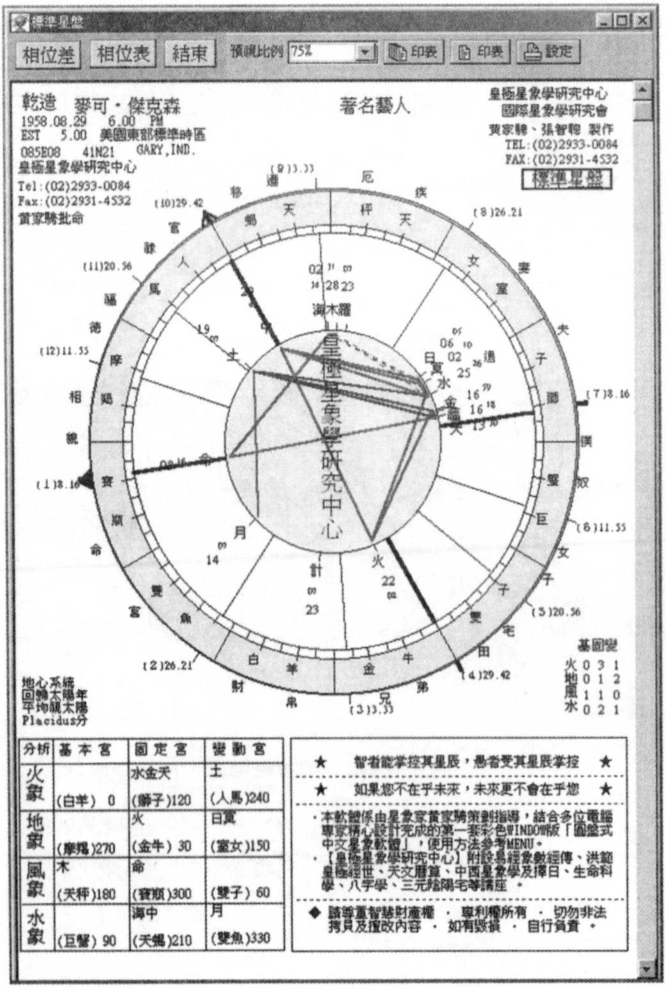

分析	基本宮	固定宮	變動宮
火象	(白羊) 0	水金天 (獅子)120	土 (人馬)240
地象	(摩羯)270	火 (金牛) 30	日貫 (室女)150
風象	木 (天秤)180	命 (寶瓶)300	(雙子) 60
水象	(巨蟹) 90	海中 (天蠍)210	月 (雙魚)330

★ 智者能掌控其星辰，愚者受其星辰掌控 ★

★ 如果您不在乎未來，未來更不會在乎您 ★

・本軟體係由星象家黃家騁策劃指導，結合多位電腦專家精心設計完成的第一套彩色WINDOWS版「圖盤式中文星象軟體」，使用方法參考MENU。
・【皇極星象學研究中心】附設易經象數經傳、洪範皇極經世、天文曆算、中西星象學及擇日、生命科學、八字學、三元陰陽宅等講座。

◆ 請尊重智慧財產權．專利權所有．切勿非法拷貝及擅改內容．如有毀損．自行負責．

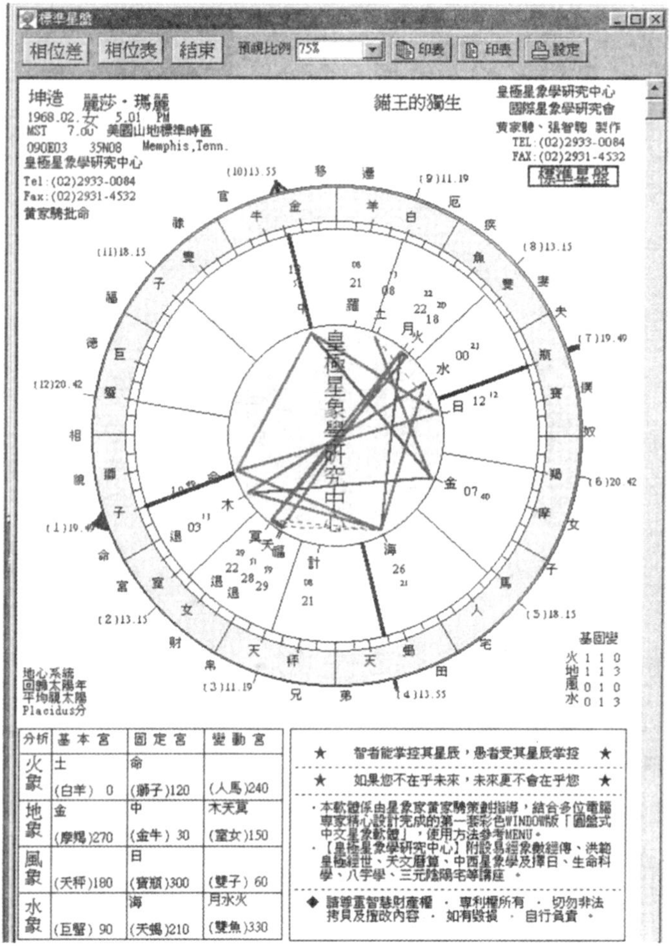
標準星盤
相位差
相位表
結束
預視比例 75%
印表
印表
設定
坤造 麗莎・瑪麗
1968.02.女 5.01 PM
MST 7.00 美國山地標準時區
090E03 35N08 Memphis,Tenn.
皇極星象學研究中心
Tel:(02)2933-0084
Fax:(02)2931-4532
黃家騁批命
貓王的獨生
皇極星象學研究中心
國際星象學研究會
黃家騁、張智聰 製作
TEL:(02)2933-0084
FAX:(02)2931-4532
標準星盤
皇極星象學研究中
基固變
火 1 1 0
地 1 1 3
風 0 1 0
水 0 1 3
地心系統
回歸太陽年
平均視太陽
Placidus分
分析 基本宮 固定宮 變動宮
火象 土 (白羊) 0 命 (獅子)120 (人馬)240
地象 金 (摩羯)270 中 (金牛) 30 木天冥 (室女)150
風象 (天秤)180 日 (寶瓶)300 (雙子) 60
水象 (巨蟹) 90 海 (天蝎)210 月水火 (雙魚)330
★ 智者能掌控其星辰，愚者受其星辰掌控 ★
★ 如果您不在乎未來，未來更不會在乎您 ★
・本軟體係由星象家黃家騁策劃指導，結合多位電腦專家精心設計完成的第一套彩色WINDOW版「圖盤式中文星象軟體」，使用方法參考MENU。
・【皇極星象學研究中心】附設易經象數經傳、洪範皇極經世、天文曆算、中西星象學及擇日、生命科學、八字學、三元陰陽宅等講座 。
◆ 請尊重智慧財產權 ・ 專利權所有 ・ 切勿非法拷貝及擅改內容 ・ 如有毀損 ・ 自行負責 。

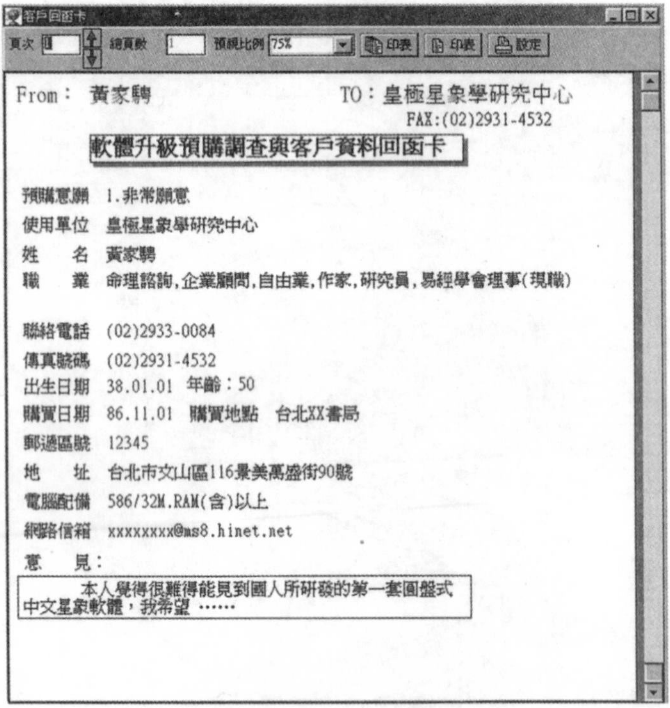

客戶回函卡

頁次 1 總頁數 1 預視比例 75% 印表 印表 設定

From： 黃家騁 TO：皇極星象學研究中心

FAX:(02)2931-4532

軟體升級預購調查與客戶資料回函卡

預購意願	1.非常願意
使用單位	皇極星象學研究中心
姓　名	黃家騁
職　業	命理諮詢,企業顧問,自由業,作家,研究員,易經學會理事(現職)
聯絡電話	(02)2933-0084
傳真號碼	(02)2931-4532
出生日期	38.01.01 年齡：50
購買日期	86.11.01 購買地點 台北XX書局
郵遞區號	12345
地　址	台北市文山區116景美萬盛街90號
電腦配備	586/32M.RAM(含)以上
網路信箱	xxxxxxxx@ms8.hinet.net

意　見：

本人覺得很難得能見到國人所研發的第一套圓盤式中文星象軟體，我希望……

廣 告 回 信
臺灣北區郵政管理局登記證
北 台 字 第 8719 號
免 貼 郵 票

106-□□
台北市新生南路3段88號5樓之6

揚智文化事業股份有限公司 收

□□□-□□
地址： 市縣 鄉鎮市區 路街 段 巷 弄 號 樓
姓名：

PUBLICATION
生智

書號 D6108

書名 發現金星男孩v.s.金星女孩的愛情
金星星座的第一本書

SC PUBLICATION

生智 生智文化事業有限公司

讀·者·回·函

感謝您購買本公司出版的書籍。
為了更接近讀者的想法，出版您想閱讀的書籍，在此需要勞駕您詳細為我們填寫回函，您的一份心力，將使我們更加努力！！

1. 姓名：________________
2. E-mail：________________
3. 性別：□ 男 □ 女
4. 生日：西元______年______月______日
5. 教育程度：□ 高中及以下 □ 專科及大學 □ 研究所及以上
6. 職業別：□ 學生 □ 服務業 □ 軍警公教 □ 資訊及傳播業 □ 金融業 □ 製造業 □ 家庭主婦 □ 其他______
7. 購書方式：□ 書店 □ 量販店 □ 網路 □ 郵購 □書展 □ 其他______
8. 購買原因：□ 對書籍感興趣 □ 生活或工作需要 □ 其他______
9. 如何得知此出版訊息：□ 媒體______ □ 書訊 □ 逛書店 □ 其他______
10. 書籍編排：□ 專業水準 □ 賞心悅目 □ 設計普通 □ 有待加強
11. 書籍封面：□ 非常出色 □ 平凡普通 □ 毫不起眼
12. 您的意見：____

____

13. 您希望本公司出版何種書籍：________________________________

☆填寫完畢後，可直接寄回（免貼郵票）。
我們將不定期寄發新書資訊，並優先通知您
其他優惠活動，再次感謝您！！